Johann Gustav Droysen

Geschichte der preussischen Politik

Johann Gustav Droysen

Geschichte der preussischen Politik

ISBN/EAN: 9783743686311

Hergestellt in Europa, USA, Kanada, Australien, Japan

Cover: Foto ©Suzi / pixelio.de

Weitere Bücher finden Sie auf **www.hansebooks.com**

Index

zum

ersten bis vierten Theil

der

Geschichte der Preußischen Politik

von

Joh. Gust. Droysen.

Von

Dr. Carl Gerstenberg.

Leipzig,
Verlag von Veit & Comp.
1876.

Die Zahlen beziehen sich bei dem I.—III. Theile, sowie bei dem I. Bande des IV. Theiles auf die zweite Auflage, bei den weiteren Bänden des IV. Theiles auf die erste Auflage.

A.

Aachen, Friede zu (1668) III 3, 151.
Aaland, Verhandlungen zu (1718) IV 2, 223. 228 f. 267.
Achenbach, preußischer Gesandter in Rußland, IV 2, 139.
Accise in Preußen unter dem Großen Kurfürsten III 2, 165. 391. 401. 407 f. 421. 426 f. 429 f. III 3, 189. 193. 198. 205. 207; von Friedrich Wilhelm I. in sämmtlichen Provinzen durchgeführt IV 2, 197.
Adolph, Graf v. Nassau, König, I, 95. 462.
Adolph v. Nassau (der beißende Wolf), Kurfürst von Mainz, I, 132. 142. 147.
Adolph v. Nassau, Kurfürst v. Mainz (Gegner Diethers), II 1, 183. 185. 197. 205. 210. 256. 301 f.
Adolph v. Schleswig-Holstein I, 426. II 1, 77. 162.
Adolph Friedrich v. Mecklenburg, IV 1, 108 f.
Adolph Johann, Bruder Karl Gustavs v. Schweden, III 2, 188. 197. 254.
Adrian v. Utrecht, Papst, II 2, 103. 109.
Aeneas Sylvius II 1, 7. 46 f. 54 ff. 60. 61. 66. 68; Bischof v. Triest II 1, 73. 105. 112. 117; päpstlicher Legat II 1, 123; Cardinal 131 f.; als Papst f. Pius II.
Agricola, Hofprediger Joachims II., II 2, 222. 226. 263.

Ahlefeld, Detlef, dänischer Gesandter III 2, 271. 274. IV, 2. 97.
Aichspalter, Peter, Erzbischof von Mainz, I, 101. 105. 107.
Ailly, Peter v., Cardinal I, 245. 248.
Aitzema, Leo, holländ. Agent, III 1, 225. III, 2, 464. 163. 214. 243. 378. 579.
Alba, Feldherr Karls V., II 2, 216. 219. 243. 255. 302. 304. 310.
Albani, Cardinal IV 1, 318.
Alberoni, Cardinal IV 2, 176. 191. 228. 281.
Albrecht der Bär, Markgraf v. Brandenburg, I, 18. 20. 23; seine Städtegründungen 55.
Albrecht v. Baiern, Graf v. Holland, I, 110. 150.
Albrecht der Weise, Herzog v. Baiern I, 450. 455. II 1, 30. 342. 347. 363. 456.
Albrecht V., Herzog v. Baiern, II 2, 308.
Albrecht Jean de Bavière, Bischof v. Lüttich, I, 150.
Albrecht v. Hohenzollern, Burggraf zu Nürnberg, I, 112. 127.
Albrecht v. Mainz, zweiter Sohn Johann Ciceros, empfängt die Huldigung in den Marken II 2, 30; sein Charakter 31. f.; in Magdeburg und Halberstadt gewählt 59; Kurfürst v. Mainz 61. 68. 90; Cardinal 74; päpstlicher Legat 81. 86; sein Verhalten zu Luther 109. 112 f. 122. 131. 145. 159. 167. 177; sein Tod 198.

1*

Albrecht I., Herzog in Preußen, Markgraf in Franken — Hochmeister des Deutschen Ordens II 2, 58. 60. 68; sein Verhalten zu Polen 63. 74. 104; tritt in Verbindung mit Luther 121. 131; nimmt Preußen als Herzogthum von Polen zu Lehen 129 f.; vermählt mit Dorothea von Dänemark 136; in der Acht 150. 159; zum zweiten Mal vermählt 235; gegen Karl V. 235 f.; kann Liefland nicht zu Hilfe ziehen 288; gegen Erich II. v. Braunschweig 293; seine Politik 305; sein Tod 307.

Albrecht v. Culmbach, Sohn Casimirs v. Franken „der fränkische Alcibiades", II 2, 197. 208. 214. 216. 236 ff. 245 f. 250. 253 ff. 256 f.

Albrecht III., Herzog v. Mecklenburg, König v. Schweden, I, 78.

Albrecht IV., Herzog v. Mecklenburg, I, 212. 320. 331.

Albrecht, Herzog v. Mecklenburg, Schwiegersohn Joachims I., II 2, 104. 108. 140. 160. 199.

Albrecht I. v. Östreich, römischer König, I, 96—100.

Albrecht IV., Herzog v. Östreich, I, 155. 163. 165.

Albrecht V., (als Kaiser Albrecht II.) Herzog v. Östreich, mündig I, 205; versprochen mit Kaiser Sigismunds Tochter 205. 301. 306; gegen die Hussiten 306. 381. 388; unterstützt Sigismund 335. 342; verlangt Ungarn 429; beansprucht Böhmen 430; zum Deutschen Kaiser gewählt 435. 437; sein Charakter 438; in Böhmen gekrönt 444; gegen die Türken 446; sein Tod 446.

Albrecht, östreich. Erzherzog, Statthalter in den Niederlanden, II 2, 394. 406. 412.

Albrecht, Bruder Friedrichs III., des Deutschen Kaisers, II 1, 58. 93; im Streit mit seinem Bruder, II 1, 118. 127. 143. 147. 163. 180. 199. 205; sein Tod 210.

Albrecht v. Sachsen, Sohn Friedrich des Sanftmüthigen, II 1, 139 149. 157. 221. 226. 255. 279; kaiserlicher Marschall 295; mit Maximilian, I, 362.

Albrecht Achilles, dritter Sohn Friedrichs I. v. Brandenburg, I, 379. 408; erhält Anspach 427. II 1, 26. 28; Kriegs-Hauptmann in Schlesien I, 439. 445. 471; im Kampf gegen Sachsen II 1, 32; im Streit mit Nürnberg 50. 97; sein Charakter 50; kämpft gegen die Schweizer 58; vermählt 62; kaiserlicher Gesandter in Frankfurt 66. 68; im Städtekriege 80; geschlagen 81; sein Einfluß beim Kaiser 113 f.; in Frankfurt Vertreter des Kaisers 117; Verbündeter des Kaisers, kaiserlicher Hofmeister, Hofrichter und Hauptmann 125. 129. 137; strebt nach dem Herzogtitel von Franken 138; zum zweiten Mal vermählt 139; im Streit mit Ludwig von Baiern 144. 151 f. 159. 181. 184. 190; auf dem Congreß zu Mantua 156; in Unterhandlungen mit Georg Podiebrad 149. 169 ff; seine „Werbung an den Kaiser" 175; gegen Friedrich v. der Pfalz (1462) 191 f.; versöhnt mit ihm 210; unterhandelt mit Ludwig v. Baiern 206 f.; erhält die Länder Johanns 214; vermählt seine Tochter Ursula mit Heinrich v. Münsterberg 227. 231 f.; Hinneigung zu Georg Podiebrad 227. 232. 255; im Bann 257; auf dem Reichstage zu Regensburg (1471) 261—269; Kurfürst von Brandenburg 250; sein Empfang in den Marken 274; Besteuerung derselben 274—277. 337; auf Seiten Christians v. Dänemark 280. 283. 289 f.; oberster Hauptmann gegen Karl den Kühnen 294. 298—305; in den Marken (1476) 312; in Zwist mit den sächsischen Herzögen 315; gegen Pommern 317; besteuert in Franken die Geistlichen

327; sein Hausgesetz (dispositio Achillea 331; seine Denkschrift zum Frankfurter Reichstag (1485) 345. 380; in Frankfurt (1485) 345; mit Kaiser Friedrich III. in Dinkelsbühl 349; in Frankfurt (1486) 357; sein Tod 360.

Albrecht Friedrich, Herzog in Preußen, II 2, 305; mündig 332; geisteskrank 440; sein Tod 450 f.

Aldringer, kaiserlicher General, III 1, 92.

Aleander, päpstlicher Legat II 2, 102

Alexander V., Papst, in Pisa gewählt I. 170.

Alexander VI., Papst, II 2, 25.

Alexander v. Parma, II 2, 368.

Alexander v. Lithauen, König von Polen, II 2, 50.

Alexei, Czar, III 3, 314.

Altmark, I, 17. 19. 54. 75; Lehn v. Magdeburg I, 208. 215; Städte in der Altmark II 1, 276. 281. 337.

Altranstadt, Frieden zu (1706) IV 1, 193.

Alvensleben, die, I, 76. 212.

Alvensleben, Gebhard v., I, 214. 217. 251.

Alvensleben, Busso v., II 1, 290. 293.

Alvensleben, Wolfenbüttelscher Geheimerath, IV 1, 178. IV 2, 367.

Amerongen, Herr v., holländischer Abgeordneter und Gesandter, III 3, 244 f. 250 f. 263. 273. 275. 169. 198. 501. 507.

Amsdorf, lutherischer Theologe, II 2, 227. 262. 264. 281.

Andernach, Tag zu (1474) II 1, 296 f.

Andreas, Cardinal, II 1, 329

Andrié de Gorgier, preußischer Obergerichtsrath, als Gesandter nach London geschickt, IV 3, 342. 348.

Angerort, Zusammenkunft bei (1651) III 2, 34.

Anholt, kaiserlicher General, III 1, 60.

Anklam, III 3, 375. IV 2, 46.

Anna, Gemahlin Johann Sigismunds v. Brandenburg, II 2, 367. 428. 432. 434. 439; Verfechterin des Lutherthums III 1, 23 f. 48; setzt die Vermählung ihrer Tochter mit Gustav Adolph durch 26.

Anna, Königin v. England, vermählt mit Georg von Dänemark III 3, 523; auf Seite der Tories IV 1, 224; sucht dem Praetendenten die Thronfolge zu verschaffen IV 2, 61; ihr Tod 99.

Anna, Kaiserin v. Rußland, IV 3, 77. 79. 143; unterhandelt mit Preußen den Löwenwolder Vertrag 174. 179 f. 205 f; setzt in Polen die Wahl Augusts III. durch 213 f.; sucht Freundschaft mit Preußen 288; siegreich gegen die Türken (1736) 296 f.

Anna v. Mecklenburg, IV 3, 143. 174.

Anspach, theilweis verpfändet IV 2, 329.

Anton Ulrich v. Wolfenbüttel, IV 1, 83. 87. 233.

Anton Ulrich, Prinz v. Bevern, IV 1, 374.

Apel Vitzthum, sächsischer Edelmann, I, 298. 318. II 1, 91 f. 195. 252. 255. 258.

Arles, Cardinal v., II 1, 67. 74. 75.

Armagnac, Graf, I, 272. 278.

Armagnaken, die, II 1, 52

Arnim-Boytzenburg, Hans Georg v., östreichischer General III 1, 28. 45. 51. 56; kursächsischer Feldmarschall 74; bringt in Böhmen ein 80; in Schlesien 84. 89. 92; in Brandenburg 93; wieder in Böhmen 95; verläßt den sächsischen Dienst wegen des Prager Friedens 102. 269; gefangen nach Schweden geführt 123; entkommt 150; rüstet gegen Schweden 151. 165; sein Tod 166.

Arnim, brandenburgischer Rittmeister, (1672) III 3, 274.

Arnim, Georg v., preußischer General,

IV 1, 207; nimmt Usedom IV 2, 133 f. IV 4, 362—366.

Arras, Friede v., II 1, 333. 352.

Aschaffenburg, Tag zu (1447) II 1, 73.

Asfeld, französ. General, IV 1, 45.

Aubery, Anton, Pariser Advocat, III 3, 238.

Auersperg, östreichischer Rath, III 2, 83. 97. 172. 349.

Augsburg, Collegialtag zu (1689) IV 1, 49. 52 f.

Augsburger Bund (1686) III 3, 537.

Augsburger Religionsfriede (1555) II 2, 265 f. 270 f.

August I., Kurfürst v. Sachsen, Bruder von Moritz v. Sachsen, II 2, 235. 264 f. 291. 294. 302. 309 f.; seine Politik und Macht 312 f.; seine religiöse Richtung 329. 336. 343.; sein Tod 349.

August II., der Starke, Kurfürst v. Sachsen, IV 1, 10; kaiserl. Feldherr 103; König v. Polen 110 f.; verkauft einige sächsische Ämter an Brandenburg 132; kommt mit Friedrich III. in Johannisberg zusammen 132; unterhandelt mit ihm wegen Elbing und Crossen 132 f.; kommt mit Peter d. Gr. zusammen 133; schließt mit ihm eine Allianz gegen Schweden 133; kommt mit Friedrich III. in Oranienbaum zusammen 140 f.; wird v. Karl XII. geschlagen 175 f.; als König von Polen abgesetzt 178 f. 180. 184; schließt den Altranstädter Frieden 195; kommt in Potsdam mit Friedrich III. zusammen 212; in Leipzig 216; sein Plan zur Theilung Polens 218. IV, 4, 284 ff.; will König v. Ungarn werden IV 1, 221; kommt mit Peter d. Gr. in Danzig zusammen IV 2, 154; bittet Friedrich Wilhelm I. um Beistand gegen die Conföderirten in Polen 182; einigt sich (1717) mit denselben 201; hält in Warschau Hof (1718) 221 f.; (Reichstag zu Grodno 249 f.); in der Wiener Allianz 247; tritt gegen Rußland und Preußen auf 254; macht Ansprüche auf die Jülichsche Erbschaft 357; gestattet das Thorner Bluturteil 362; rüstet gegen Preußen 368 f.; sucht die Wahl seines Sohnes in Polen durchzusetzen 395 f.; erkrankt 428. IV 3, 6; sucht ein Bündniß mit Preußen IV 3, 6. 9; schließt dasselbe 9. 14 f.; in Berlin 15; mit Friedrich Wilhelm I. im Lager bei Radewitz 98 f.; wirbt um Anna v. Rußland 121; in Zwist mit dem Kaiser 121. 123 f.; seine General-Association 122. IV 4, 402 ff.; in Spannung mit Preußen 139; mit dem Kaiser 141 ff.; seine Projecte (1732) 182 f.; erstrebt die Souverainetät in Polen 183 f.; kommt mit Grumbkow in Crossen zusammen 186. IV 4, 408—415; sein Tod IV 3, 187. — Sein Sohn

August III., tritt zur katholischen Kirche über IV 2, 212; bittet in Wien um Unterstützung bei der polnischen Wahl IV 3, 197 f.; wird durch russische Hilfe gewählt 213 f.; in Streit mit Rußland 373; schließt sich wieder an Rußland an 397.

August v. Holstein, brandenburgischer General, IV 3, 33. 42. 46. 328 f.

August Wilhelm, Bruder Friedrichs d. Gr., IV 3, 174.

Augustana (confessio) II 2, 285 f. 382 f. s. auch Augsburger Reichstag (1530).

Aumale, Herzog v., II 2, 255. 311.

Außig, Schlacht bei (1426) I, 342.

Avaux, d', französischer Diplomat, III 1, 103. 129. 140. 175. 226. III 3, 520. 526.

Aylva, holländischer General, IV 1, 44.

B.

Baden, Friede zu (1714) IV 2, 99 f.

Baireuth IV 1, 174; Markgräfin v. Baireuth s. Wilhelmine.

Baisen, Hans v., II 1, 106.

Balduin, Graf v. Luxemburg, Erz-
  bischof v. Trier I, 101. 108.
Balthasar von Sagan, II 1, 141.
  147. 187. 279.
Bamberg, Friede zu (1450) II 1, 80 f.;
  Tag zu (1459) II 1, 148. 150.
Banner, schwedischer General, III 1,
  93; in den Marken 94; bis Prag
  95; an die Elbe zurück 96; seine
  Truppen revoltiren 102. 114; mit
  Torstenson vereinigt 115; siegt über
  Johann Georg v. Sachsen 115 f.;
  von Hatzfeld zurückgedrängt 117 f.;
  sieg. bei Wittstock 118; versucht
  Brandenburg zu gewinnen 118;
  sammelt seine Streitkräfte bei Torgau
  122. 127; durchbricht die Umzinge-
  lung der Kaiserlichen 127; in Pom-
  mern bedrängt 127 f.; drängt Gallas
  wieder zurück 134; dringt bis Prag
  vor 136; erscheint vor Regensburg
  145; weicht bis Halle 165; sein
  Tod 165.
Barbara von Cilly, Kaiser Sigis-
  munds zweite Gemahlin, I, 228.
  288. 129. 446. II 1, 6.
Barbara, Tochter v. Albrecht Achilles,
  II 1, 278. 311. 321. 323. 330.
  364. 379.
Barbara, Tochter Joachims II., II 2,
  206.
Barfuß, v., brandenb. Feldmarschall,
  IV 1, 14; vor Bonn 46; gegen
  die Türken 70. 80; Gegner Danckel-
  manns 116. 117 f.; veranlaßt die
  Armee-Reduction 130; in Ungnade
  163 f.; nimmt den Abschied 164.
Barneveld, holländ. Diplomat, II 2,
  405. 424. 427. 447.
Barriere-Tractat, IV 1, 210. 248.
  257. 262. IV, 2. 33. 61 f. 176.
Bartenstein, Zusammenkunft zu
  (1656) III 2, 181. 190; Landtag
  zu (1661) III 2, 408.
Bartenstein, v., östreich. Diplomat,
  IV 3, 281. 285. 299. 352. 401.
Bartholdi, Christian Friedrich v.,
  brandenb. Geheimerath, unterhan-
  delt in Wien wegen d. Krönung, IV 1,
  137 ff. 140. 143 f. 158. IV 4,
  234; sein Schreiben in Betreff
  der Krönung IV 4, 235—238;
  verfaßt einen Entwurf zur Justizre-
  form IV 2, 12. — Sein Bruder
  Friedrich Heinrich, Resident in Wien
  IV 1, 236. 314. IV 2, 27. IV 4,
  234. 243 f.
Bassewitz, v., holsteinscher Rath, un-
  terhandelt in Berlin, IV 2, 44. 46 f.;
  in Stettin 48. 55. 57; sucht Preußen
  zum Kriege zu bewegen 75; in Pe-
  tersburg 89; flüchtet nach Berlin 94;
  in Wien 299. 306. in Petersburg
  364. 401.
Baudissin, sächsischer General, III 1,
  105.
Baudiß, dänischer General, III 1,
  187. III 3, 354.
Bauernstand in der Mark, II 2, 390.
Bauernaufstand (1524) II 2, 120.
  123. 127.
Bede I, 49. 62; Bedevertrag von
  1280 I, 63. 65. 461; Bedefrei-
  heit I, 64.
Belgrad, Festung, IV 1, 27 f. 67.
Belgrad, Schlacht bei (1456) II 1,
  126; Friede zu (1739) IV 3, 380 f.
Bellin, Christian v., brandenb. Rath,
  III 1, 30 f. 33 f. 48. 261.
Benedict XII., Papst, I, 109.
Benedict XIII., Peter de Luna, Papst
  in Avignon 1, 153. 169. 246.
  257.
Bentheim, Graf, IV 2, 328. 339 f.
Bentink, (später Lord Portland) Ge-
  sandter Wilhelms III., III 3, 391.
  IV 1, 21. unterhandelt mit Paul
  Fuchs 24 f.; schließt den Partage-
  Tractat 131; wirkt für Nassau-Fries-
  land 148.
Bergen, Kloster, Vertrag (1666) III 3,
  103.
Berghen, östreich. General, III 1, 55 f.
Bergmann, Peter, brandenb. Gesand-
  ter, III 1, 264.
Berka, Graf, östr. Gesandter, IV 1,
  81 f.
Berlin-Cölln, I, 55. II 1, 29; ihr

Gebiet und Verfassung unter Kurfürst Friedrich II. II 1, 34. 36; ihr Aufstand gegen Friedrich II. 78 f.; in Unruhe wegen des Übertritts Johann Sigismunds zur reformirten Kirche 433. 439; unter Friedrich III. vergrößert IV 1, 74.

Berlin, Tag zu (1472) II 1, 275; (1572) II 2, 321.

Bernhard, Herzog v. Braunschweig, I, 217.

Bernhard, Herzog v. Sachsen, I, 434.

Bernhard v. Weimar, III 1, 77; bei Lützen 85; seine Erfolge 92; bei Nördlingen geschlagen 96; nach Frankreich 96'; siegt am Oberrhein 128. 134; erobert Breisach 135 f.; beabsichtigt die Donau hinunterzuziehen 136; sein Tod 137.

Bernstorff, Andreas Gottlieb v., hannöverscher Minister, IV 1, 25. 109; engl. Minister IV 2, 99. 201 f. 204. 216 f. 249. 256 f. 259. 346. 442.

Berthold, Burggraf zu Nürnberg, Bischof v. Eichstädt I, 112.

Berthold v. Mainz, s. Henneberg.

Berwick, französ. Marschall, IV 3, 240. 243 f.

Bessarion, Cardinal, II 1, 158. 160. 262.

Besser, v., preuß. Oberceremonienmeister, IV 1, 117. IV 2, 8.

Bethlen Gabor von Siebenbürgen, III 1, 34 f. 37. 50. 260.

Bethune, Marquis v., französischer Diplomat, III 3, 378. 391 f. 416. 567. 619.

Beuningen, Conrad van, holl. Diplomat, III 2, 209. 218 f. 304. III 3, 137. 364. 385 f. 390. 395. 526.

Beveren, Cornelius Claffen van, brandenb. Schiffscapitain, III 3, 474.

Beverning, holländ. Gesandter, III 3, 82. 390.

Beziers, Bischof v., französ. Diplomat, III 3, 157 f. 159. 164 f. 170 f.

Biberstein, Marschall v., I, 76. II 1, 313. II 2, 142.

Biberstein, Marschall v., preußischer Diplomat, IV 1, 216. 218. 220 f. IV 2, 9. IV 3, 140. 183 f. IV 4, 286 f. 293 ff. 406 f.

Bidal, französ. Agent, IV 1, 84.

Bielefeld, Verhandlungen zu (1671) III 3, 242—246.

Bielke, französ. Agent, IV 1, 187. 189.

Bierziese in der Mark, unter Albrecht Achilles, II 1, 230. 337. 377; unter Joachim I. II 2, 33. 44 f. 204 f.; unter Johann Georg 323.

Biron, russischer Oberkämmerer, IV 3, 124. 143. 173. 262; Herzog v. Curland (Johann I.) 326. 396.

Björnclou, schwed. Gesandter, III 2, 65. 266. 278. 342. 474. III 3, 123.

Blake, englischer Admiral, III 2, 216.

Blaspeil, v., brandenb. Gesandter unter dem Gr. Kurfürsten, III 3, 130 f. 135 ff. 141 f. 223. 242. 244. 380. 444.

Blaspeil, v., preuß. Generalkriegscommissar, IV 2, 24.

Blaspeil, Frau v., IV 2, 230. 234. 244. 246.

Blindheim, Schlacht bei (1704) IV 1, 181. 303.

Blondel, französ. Gesandter, III 2, 317.

Blondel, französ. Gesandter in der Pfalz, IV 3, 306.

Blumenthal, Joachim v., brandenb. Rath, Statthalter von Halberstadt III 1, 101. 124. 132 f. 180. III 2, 19 f. 25. 29 ff. 52. 66; bei der Wahl Ferdinands IV. 76 f.; in Regensburg 81 ff. 101—106. 114; in Paris III 2, 23. 39 f. 167. — Blumenthal, der Jüngere, in Wien III 3, 120. 123. 144 f.; in Glückstadt bei Christian V. 255.

Bogislav, Herzog v. Stolpe, II 1, 45.

Bogislav X., Herzog v. Pommern, Neffe Wratislavs, II 1, 312 f. 315.

318. 320 f. 322. 364. II 2, 53. 57. 69. 117. 119.

Bogislav XIV., letzter Herzog von Pommern, III 1, 60; schließt einen Allianz-Tractat mit Gustav Adolph 61; sein Ausgang 123.

Bolsey, Simon v., Obrist, III 3, 343. 360 f. 616.

Bonifacius VIII., Papst, I, 98.

Bonifacius IX., Papst (in Rom) I, 153. 167.

Bonin, die von, I, 81.

Bonin, v., Rath des Gr. Kurfürsten, in Wien, III 2, 172 f. 188. 216. 226. 234. 237.

Bonn, III 3, 304 f.; belagert (1689) IV 1, 45—47; erobert 48.

Bonvisi, Cardinal III 3, 551. 554.

Bondeli, brandenb. Resident im Haag, IV 1, 148.

Bonnet der Jüngere (Louis Friedrich), preuß. Gesandter in London, IV 1, 236. IV 2, 66. 204. 216; ein Bericht von ihm aus dem Jahre 1719 IV 4, 378—384.

Booth, v., kaiserlicher Obrist, III 1, 139. 273. 150 f.

Borcke, Adrian Bernhard v., preuß. General und Minister, IV 2, 114 ff. 287. IV 3, 87. 102.

Borcke, v., Caspar Wilhelm, preuß. Gesandter in London, IV 3, 300 f.; in Wien 323. 334. 352. 401. 403. IV 4, 15.

Bordesholmer Vergleich II 2, 107. 117.

Borkeloe, ostfriesische Herrlichkeit III 3, 63. 91.

Borne, Kanzler der Neumark, III 1, 179. 182.

Bornholm, Seeschlacht bei (1676) III 3, 373.

Bothmar, Graf, hannöv. Gesandter, IV 2, 312; sein Project in Betreff Schwedens (1721) IV 4, 384. 390 f.

Boufflers, französ. Marschall, IV 1, 45. 47. 66. 105. 110.

Bournonville, Herzog v., kaiserlicher General, III 3, 280 f. 317 f. 321. im Elsaß 322 ff. 326. 329 f.; geschlagen bei Mühlhausen (1674) 330; bei Türkheim 331 f.; tritt einen schimpflichen Rückzug an 332 f.

Boyneburg, Christian v., kurmainzischer Kanzler, III 2, 264. 266 f. 283. 301. 346. III 3, 9. 25. 166.

Boytzenburg, IV 1, 37.

Brackwede, Gefecht bei (1679) III 3, 447.

Brand, Christian v., preußischer Gesandter in Wien, IV 2, 346. 358. 370. 374. 421. 451. IV, 3, 155. 172; in Warschau 172. 277; wieder in Wien 285. 299; abberufen, Leiter der geistlichen Angelegenheiten 323.

Branda, Cardinal, I, 304. 311. 314. 371.

Brandenburg, Bisthum I, 18. 22. 71.

Brandenburg, Stadt I, 55. Mark Br., s. Markgrafschaft.

Brandt, Christoph v., brandenb. Gesandter, III 2, 317. 336. 351. 356. III 3, 19.

Brandt, Eusebius v., brandenb. Gesandter in Polen, III 3, 197. 200 f. 202 ff. IV 1, 183.

Brandt, v., brandenb. General, III 3, 488. IV 1, 91 f. 133.

Braunschweiger Anwartschaft Brandenburgs II 2, 337.

Braunschweiger Congreß (1713 f.) IV 2, 73 f. 79. 88. 98. 126.

Breda, Verhandlungen zu (1667) III 3, 127. 129 ff.

Bredow, die von, I, 76. 209. II 2, 187.

Bredow, Lippolt v., Landeshauptmann (1390) I, 74.

Breisach, Festung III 1, 135 f. III 3, 409.

Breitenfeld, Schlacht bei (1631) III 1, 76.

Bremen, Stadt, von Schweden angegriffen III 2, 93. 110. 132. 138. III 3, 100. 107. 110 ff.; Habenhausener Vertrag 111 f.; Unruhen

in Bremen 112; an Hannover IV 2, 138.
Breslau, Stadt, in Feindschaft mit Georg Podiebrad, II 1, 105. 147. . 155. 165, 196. 202. 208. 222. 233.
Breslau, Tag zu (1420) I, 289. (1458) II 1, 141. 143. (1527) II 2, 137 f.
Breslauer Schuld III 2, 69. 77. 82. 87. 103. 106. 273.
Breton, engl. Resident in Berlin, IV 2, 93.
Brienne, französ. Minister, III 1, 209. 281 f.
Broglie, Graf, französ. Gesandter in London, IV 3, 116. 118.
Bromberger Vertrag (1657) III 2, 258.
Brühl, Graf, sächsischer Diplomat, IV 3, 115.
Brüg, Tag zu (1462) II 1, 188 f. 192. 194.
Brunn, Balthasar v., brandenb. Geheimerath, III 1 159.
Buat, v., holländ. Rittmeister, III 3, 106. 584.
Bubbles, in England, IV 2, 192. 306 f.
Buch, Dietrich v., III 3, 347, 359.
Buchholzer, Georg, Probst, II 2, 185. 227. 263.
Bülow, Dietrich v., II 2, 33.
Bülow, v., hannöver. General, IV 2, 253. 261.
Bülow, Friedrich v., preuß. Rath, IV 2, 395.
Bütow, III 2, 257 f.
Bund, schwäbischer II 2, 77. 85. 88. 110, 113. 158.
Bundschuh, II 1, 16. 53. 369. II 2, 23.
Burchard, preuß. Resident in Wien, IV 2, 246 f.
Burggrafen zu Nürnberg, I, 87 ff.; ihr Privilegium von 1273—90 ihr fürstliches Priviieg von 1363—92 127; ihr Territorium 129.
Burgomaneros, span. Gesandter in Wien, III 3, 492 f. 497. 502. 553. IV 1, 67.
Burgsdorff, die, II 2, 87.
Burgsdorff, Conrad v., brandenb. General, III 1, 84. 95. 100. 118. 130. 133. 134. 149. 161; entdeckt eine Verschwörung gegen den Gr. Kurfürsten 164 f.; seine Thätigkeit unter dem Großen Kurfürsten 192. 223 f. 237. 285. III 2, 19. 47; sein Tod 48.
Burgsdorff, Ehrentreich v., brandenb. General, III 1, 223.
Burgundischer Kreis II 2, 269. III 3, 60.
Burkersrode, v., kursächsischer Gesandter, III 3, 268. 442.
Byng, englischer Admiral, IV 2, 219. 226.

C.

Cadogan, Lord, englischer Diplomat, IV 2, 291. in Berlin 296; in Wien 297. 305; sein Memoire 306. 308 f. IV 4, 385—390.
Calcar, Festung III 3, 271.
Calixtus, Papst (Borgia) II 1, 124. 135.
Calmarische Union I, 78.
Calvan, französ. General, III 3, 440. 447.
Calvin, Johann, II 2, 169. 263. 326.
Cambray, Liga von (1508) II 2, 55.
Cammin, Fürstenthum, III 2, 5.
Campanus, päpstl. Legat, II 1, 261 f.
Campredon, französ. Gesandter, IV 2, 312.
Caugiesser, preuß. Resident in Wien, IV 2, 294; in Zwist mit dem Reichsvicekanzler 330 f.; aus Wien gewiesen 332. 344 f.; in Hannover (1729) IV 3, 60.
Caniz, Elias v., II 2, 306.
Caniz, Freiherr v., III 3, 543. 553.
Cantemir, russischer Gesandter in London, IV 3, 151 f.

Cantonreglement, preußisches (von 1733) IV 3, 417.

Capistran, Johann, II 1 93 f. 104. 123. 126.

Capito, Fabricius, II 2. 68. 91.

Caprara, kaiserlicher General, III [3, 275. 322 f. 329 389. IV 1, 82.

Caraffa, Cardinal, III 1, 10. 259.

Carl f. Karl.

Carlos, Don, Infant von Spanien, IV 3, 28. 119. 134. 162; Großprinz von Toscana 163. 188. 243. 273. 277.

Carlowitz, Georg v., II. 2, 172 f. 178 243.

Carlson, Gustav, schwedischer Officier III 3, 409. 434.

Caroline, Gemahlin Georgs II. von England, IV 3, 80.

Carteret, engl. Diplomat, IV 2, 259. 271. 354 f.

Carvajal, Johann, päpstl. Legat, II 1, 56. 62. 66 ff. 73.

Casale, Festung, III 3, 484.

Casimir, Herzog v. Pommern-Stettin, I, 215.

Casimir, IV, polnischer Prinz, zum böhmischen König proclamirt I, 430. 444; König von Polen II 1, 60; vermählt 106. 139; gegen den Deutschen Orden 106. 141; besetzt Preußen 142; kommt mit Georg Podiebrad in Glogau zusammen 198; gewinnt Preußen 227 f. 241; strebt nach der Krone v. Böhmen und Ungarn 241; mit Georg Podiebrad verbunden 215.

Casimir, Markgraf v. Franken, II 2, 55. 58. 63; setzt seinen Vater Friedrich gefangen 64; seine Stellung zu Maximilian I, 65. 70. 71.; zu Luther 122. 131; gegen die Bauern 130; sein Tod in Ungarn 135—197.

Castel Rodrigo, Don, spanischer Statthalter in Brüssel, III 3, 133. 138. 140.

Cateau-Cambresis, Friede zu (1559) II 2, 284.

Catinat, französ. Marschall, IV 1, 66.

Chambrier, Baron, preuß. Gesandter in Paris, IV 2, 452. IV 3, 54. 310.

Charlottenburger Vertrag (1723) IV 2, 355.

Charnacé, französ. Diplomat. III 1, 70; vermittelt einen Waffenstillstand zwischen Schweden und Polen 57—263.

Chavigny, französ. Gesandter in England, IV 3, 266.

Chesterfield, Lord, IV 3, 95. 102. 108. 130 f.

Chetardie, Marquis v., französ. Gesandter, in Berlin IV 3, 152. 182. 214 f 234. 237. 239. 241. 257. 306. 327. 331. 389; in Petersburg 371. 397.

Christian von Anhalt, II 2, 395. 413. 424 f.

Christian I. (v. Oldenburg), König von Dänemark, II 1, 77 f. 162. 177. 194. 260. 264; mit Albrecht Achill 280. 283. 289; bei Karl dem Kühnen 295. 298; verläßt Deutschland 299; demüthigt den Adel in Holstein 322. II 2, 49. — Sein Enkel

Christian II., König von Dänemark, II 2, 23 53. 60 f. 63; gewinnt die volle Macht in Schweden (Stockholmer Blutbad) 104. 107 f. 116; gestürzt 116; in Berlin 117. 139; in den Niederlanden 117. 126; schließt einen Vertrag mit Karl V. 150; fällt in Norwegen ein 156; gefangen 156 f.; freigelassen 279; seine Kinder und ihre Rechte 280; sein Tod 283.

Christian III., Herzog v. Schleswig-Holstein, II 2, 156; König v. Dänemark 157 f. 206 235. 280. 282 f.

Christian IV, König v. Dänemark, II 2, 425. 432. 445. III 1, 33; eifersüchtig auf Schweden 34; Kreisobrist des niedersächsischen Kreises 31; bei Lutter geschlagen 44; seine

Lage (1627) 50; schließt den Frieden zu Lübeck 53. 56; nähert sich Östreich (1630) 63; im Kampf mit Hamburg 63. 65; aufgefordert mit den Kaiserlichen gegen Schweden zu ziehen 129. 186.

Christian V., König v. Dänemark, III 3, 255 f.; gegen Gottorp 354; kommt mit dem Gr. Kurfürsten in Gadebusch zusammen 357; greift Wismar an 359; rüstet Schiffe gegen Schweden 371 f.; nimmt Rügen 394; im Streit wegen Gottorp IV 1, 34. 36.

Christian, Sohn Johann Georgs v. Brandenburg, Markgraf, IV 2, 366. 380 f. 419. 425. 428. 431.

Christian von Halberstadt, III 1, 37. 39.

Christian I., Kurfürst von Sachsen, II 2, 349 f. 365.

Christian II., Kurfürst von Sachsen, II 2, 365. 405. 415. 426.

Christian Heinrich v. Anspach, IV 1, 174.

Christian Ludwig v. Mecklenburg, III 3, 37. 48. IV 1, 88. IV 3, 26. 220 f.

Christian Wilhelm, Bruder Johann Sigismunds v. Brandenburg, Administrator v. Magdeburg, III 1, 23. 35 f. 71. 107.

Christine, Königin von Schweden, III 1, 79. 184. 209. III 2, 75. 94. 137 f.

Christoph v. Baiern, König v. Dänemark, I 451. II 1, 30. 49. 77.

Christoph v. Mecklenburg, II 2, 282.

Cisterzienser I, 44.

Clamcier Wiesen IV 2, 56.

Clarendon Lord, engl. Kanzler, III 3, 22 f.

Clemens V., Papst, I, 98.

Clemens VII., Papst in Avignon, I, 134.

Clemens VIII., Papst, II 2, 126. 133 f.

Clemens XI., Papst, IV 1, 299. 154.

Cleve-Mark, s. Jülich.

Clevischer Frieden (1665) III 3, 93 f.

Clissow, Schlacht bei (1702) IV 1, 175.

Cnyphausen, Friedrich Ernst Freiherr v., preuß. Minister, IV 2, 112. 128. 207 f. 230. 235 ff. IV 3, 72. 87; entlassen 109.

Cocceji, Samuel v., preuß. Rath, IV 2, 116. 118. 127; chef de justice IV 3, 422 f.

Cöln, Reichsstadt, III 3, 230. 241. 247. IV 1, 26.

Cölner Union, (1667) III 3, 133. 136. 139 f.

Cognac, Liga v. (1526) II 2, 133.

Coigny, französ. Marschall, IV 3, 265.

Colalto, östreich. Gesandter, III 3, 26.

Colberg, befestigt III 2, 117.

Colbert, französ. Minister, III 2, 356. III 3, 83, 309.

Commendone, päpstl. Nuntius, II 1, 286. 295—468.

Compactaten, Prager, I 391. II 1, 197 f.

„Compromiß", in Flandern, II 2, 299.

Concil in Pisa (1409) I, 169. 175.

Concil, Forderung eines allgemeinen I, 177; Vorbereitungen dazu 226; nach Constanz berufen 226.

Concil, in **Constanz**, seine Aufgabe I, 229. 237; Zwiespalt auf demselben 261; Schluß 266.

Concil, in Pavia u. Siena, I, 331. 370.

Concil, nach Bologna berufen I, 385.

Concil in Basel I, 356. 367. 370 f. 377; sein Streit mit dem Papste 389. 416. II 1, 57; Disputation mit den Hussiten 390. 393; die Prager Compactaten 394; beschränkt den Papst 414; wählt einen Gegenpapst 442; Basler Decrete II 1, 48; im Verfall 61; Schluß 74.

Concil in Ferrara I, 416. 441.

Concil in Trient, II 2, 209; nach Bologna verlegt 215. 222; zurückverlegt 228. 271. 278—383.
Concordienformel II 2, 169. 343. 315. III 1, 195.
Condé, französ. Prinz, III 2, 13. 90 f. 102 f. 269. 360. III 3, 18. 164 f. 171 f. 370.
Congregation, heilige, ihr Friedensproject 1735 IV 3, 258 f. IV 4, 116—433.
Conrad, Erzbischof v. Mainz, I, 289. 317. 369.
Conrad der Schwarze von Öls, II 1, 278.
Constitution Joachims I., II 2, 38.
Contarini, päpstlicher Legat, II 2, 190. 218.
Conti, französ. Prinz, IV 1, 108. 110 f.
Conzer Brücke, Gefecht an der (1675) III 3, 355.
Cop, östreich. General, III 3, 341. 311 f. 355. 392
Cottbus II 1, 84. 106. II 2, 162.
Coyet, Gesandter Karl Gustavs v. Schweden, III 2, 342. 344.
Cramer, Johann Friedrich, Erzieher Friedrich Wilhelms I., IV 1, 117.
Crassow, schwedischer General, IV 1, 213 f. 220.
Crequi, französ. Marschall, III 3, 224. 356. 394. 409. 414. 443. 116 ff.
Crespy, Friede zu (1544) II 2, 209.
Creutz, v., Geh. Kammerrath, IV 1, 227. 272; General-Controlleur aller Kassen IV 2, 24. 273. 353.
Croissy, Graf, französ. Diplomat, IV 2, 113. 117. 128 f. 143 f. IV 4, 323—326.
Cromwell, Oliver, III 2, 11. 22. 10. 91. 215. 269. 280. 307.
Cromwell, Richard, III 2, 308. 321.
Crossen II 2, 68. IV 1, 133. 226.
Croy, Ernst Bogislav Herzog v., Statthalter v. Preußen, III 3, 432.

Curland, III 3, 368. IV 2, 206. 224. 252. 347. 376. 400. 410. IV 3, 17. 174 321.
Cusa, Nicolaus v., I, 377. 390. 404 f. II 1, 12. 43. 66 ff. 93. 154. 164.
Czarnecky, polnischer General, III 2, 168. 187. 191. 198. 220 f. 226. 235. 237. 293. 306. 332. 419. 455.
Czaslau, Landtag zu (1421) I, 302.

D.

Damm III 3, 376.
Danckelmann, Eberhard v., Lehrer Friedrichs III., III 3, 542. IV 1, 13; wirklicher Geheimrath IV 1, 14 f.; seine Brüder 15 f. 273; sein Character 73; sein Einfluß auf den Kurfürsten 74 ff.; seine Finanzverwaltung 77; Großkanzler 78; bestimmt die Brüder des Kurfürsten zum Verzicht auf das Testament 79; nimmt sich der hannöverischen Prinzen gegen ihren Vater an 83; seine Ansichten über die Königskrone 95 f.; giebt die Retradition von Schwiebus zu 99 f.; Ober-Präsident und Premier-Minister 101; seine politischen Mißerfolge 115 f.; seine Gegner 116. 129; bittet um den Abschied 118; wird aus Berlin verwiesen 119; verhaftet 119; verhört 120; nach Peitz gebracht 120; sein Proceß 122 f.; (1707) nach Cottbus entlassen 123; von Friedrich Wilhelm I. nach Berlin berufen IV 2, 10. — Sein Sohn Reichshofrath IV 1, 315 f.; seine Brüder: Wilhelm Heinrich v., IV 1, 121; Thomas, Gesandter in London, IV 1, 63; Daniel Ludwig, General-Kriegscommissar IV 1, 78. 121; Sylvester, Kammergerichts-Präsident, IV 1, 72. 78. 120; Nicolaus, Gesandter in Wien IV 1, 16. 20. 52 f. 92 f. 96. 110; geht nach Ryswick 110; Geheimrath 121.
Danckelmann, Karl v., preuß. Reichs-

tagsgesandter in Regensburg. IV 3,
159. 233. 266.
Dante I, 102. 117. 462.
Danzig, polnisch, II 2, 63. 339 f.
III 2, 167. 228 ff. III 3, 346.
IV 1, 179; von Münnich belagert
IV 3, 237—240; capitulirt 243.
Danzig, Verhandlungen zu (1630)
III 1, 63. 67 f.
Dargitz, Obrist v., III 1, 133.
Degenfeld, preuß. Diplomat, IV 2,
414. 451. IV 3, 90; Gesandter
in London 90. 96. 117. 128; in
Frankfurt 305.
Demetrius, der falsche, II 2, 399 f.
Demmin III 3, 375 f.
Demrath, kaiserlicher Gesandter in
Berlin, IV 3, 327.
Denain, Schlacht bei (1712) IV 1,
254 f.
Deputationstag in Frankfurt (1613)
III 1, 197. 205. (1655) III 2,
173. (1656) III 2, 183.
Derfflinger, Georg v., brandenb.
General III 2, 211; in Preußen
227; gegen Schweden 276; im
Haag III 3, 316. 324; bei Fehr-
bellin 350 f.; krank 366; verlangt
ten Abschied 420; erhält das Ober-
Commando (1678) 420. 423.
540. 556.
Dessau, Zusammenkunft zu (1525)
II 2, 131.
Deutschbrod, Schlacht bei (1433) I,
395.
Devolutionsrecht III 3, 124.
Dewitz, v., dänischer General, IV 2,
110. 130. 156. 174.
Diede, hannövr. Gesandter in Wien,
IV 3, 197.
Dieskau, Dietrich v., II 2, 33.
Diether v. Isenburg, Kurfürst v.
Mainz, II 1, 154. 161. 164 f.
171. 178. 182 f. 185. 194.
204. 210. 302.
Dietrich, Kurfürst v. Cöln, I, 369.
383. 447. II 1, 49. 58. 76. 205.
Dietrich, Kurfürst v. Mainz, I, 447.
II 1, 51. 76. 118. 154.

Dietrich v. Schulenburg, Bischof v.
Brandenburg, I, 71.
Dietrichstein, östreichischer Reichsfürst,
III 2, 97.
Dirschau, Gefecht bei (1657) III 2,
254.
Dispositio Achillea II 1, 334. II 2,
379.
Distelmeyer, Lamprecht v., II 2,
317. 321. 342. 473; sein „Begriff
einer Landesconstitution" 388; sein
Sohn **Christian** II 2, 376. 383.
388. 416.
Dithmarsen II 1, 281. 291. 293.
II 2, 49 f.
Dobrczensky, Johann Ulrich v.,
brandenb. Rath, III 2, 141. 143.
153. 158. 175. 186. 413. 420.
IV 1, 121.
Dömitz, Elbfestung, III 3, 48. 441.
IV 2, 261.
Dönhof, Graf, polnischer Woywode,
III 1, 173.
Dönhoff, General des Gr. Kurfürsten,
III 3, 261. 297. 332. 432.
Dönhoff, Otto Magnus v., IV 1, 137.
164.
Dönhoff, preuß. General unter Fried-
rich Wilhelm I., IV 2, 133.
Dörfer, slavische I, 42; deutsche 45;
Dorfverfassung 47.
Dohna, Fabian v. General, II 2,
351. 354. 397.
Dohna, Hannibal v., Gesandter Fer-
dinands II., III 1, 40 f. 42. 45.
47.
Dohna, Fabian v., Rath des Gr.
Kurfürsten, III 1, 192; in Paris
215; in Preußen III 2, 166; Statt-
halter in der Mark 322.
Dohna, schwedischer Gesandter, III 3,
151.
Dohna, Graf, Alexander, IV 1, 35.
148 f. 202.
Dohna, Christoph v., IV 1, 117;
brandenburgischer Gesandter in Lon-
don 131 f. 148. 202; Ilgen bei-
gegeben 272. IV 2, 9; als Ge-
sandter nach Wien (1714) 85

Dolgorucki. — Eller.

Dolgorucki, russischer Gesandter in Warschau, IV 2, 396. 409.
Donauwörth II 1, 144. 148. 152. 158. II 2, 407.
Dorothea, v. Glücksburg, zweite Gemahlin des Gr. Kurfürsten, III 3, 160 f. 541 f.
Dorsten, Vertrag zu (1665) III 3, 71 f.
Dortmunder Vertrag (1609) II 2, 412. 414.
Douglas, schwedischer General, III 2, 312.
Draheim, Amt III 2, 258. III 3, 121 f. 128. 158. 173. IV 3, 17.
Dreyer, Dr., lutherischer Geistlicher in Königsberg, III 2, 387. 423. 451.
Dubois, Cardinal, Vertrauter Philipps v. Orleans, IV 2, 186. 189.
Dubourgay, englischer Gesandter in Berlin, IV 2, 420. 423. 432. IV 3, 57. 59. 62. 72. 88.
Ducker, schwedischer General, IV 2, 93. 98. 114. 120. 144 f.
Dünen, Schlacht in den (1639) III 1, 142.
Dünkirchen III 2, 292. III 3, 21 f.
Düsseldorf IV 3, 28. 30.
Düsseldorfer Provisionalvertrag III 1, 55.
Duhamel, preuß. General, IV 1, 165. IV 4, 98.
Duisburg, Universität zu gegründet (1655) III 2, 117. III 3, 187.
Dumont, Publicist, IV 4, 4.
Duquesne, französ. Admiral, III 3, 514. 529 f.
Duval, schwed. General, III 1, 83 f. 92.
Dyler Schanze III 3, 64. 78.

E.

Eberhard der Greiner, Graf in Würtemberg I, 132.
Eck, Graf, kaiserlicher Commissar, IV 1, 109.
Eduard IV., König v. England, II 1, 302.
Eger, Verhandlungen zu (1431) I, 377. 469. (1432) I, 388. (1436) I, 416. (1459) II 1, 149 ff. (1461) II 1, 171.
Eggenberg, östreichischer Reichsfürst, III 2, 97.
Eichstädter Fehde, (1460) II 1, 159. 176.
Eidgenossen s. Schweiz.
Eilenburg, Wend v. I, 207.
Einsiedeln, Jobst v., II 1, 194. 220.
Elbing III 2, 257 f. 360. 443. III 3, 39. IV 1, 132 ff. 177 ff. 218. IV 3, 7. 17.
Elbinger Vertrag (1656) III 2, 219. 340. 347.
Eleonore, Schwester Karls V., II 2, 75.
Elisabeth v. Pommern, Kaiser Sigismunds Mutter, I, 137.
Elisabeth v. Görlitz I, 159. 163.
Elisabeth, Gemahlin des Kurfürsten Friedrichs I. v. Brandenburg, I, 294. 305. 332.
Elisabeth v. Dänemark, Gemahlin Joachims I., II 2, 51. 136; nimmt das Abendmahl in beiderlei Gestalt 139; flieht zu Johann v. Sachsen 140. — 462.
Elisabeth, Tochter Joachims I., II 2, 137. 139. 210.
Elisabeth v. Anhalt, dritte Gemahlin Johann Georgs v. Brandenburg, II 2, 342. 380.
Elisabeth, Königin v. England, II 2, 284. 311. 344. 348 f. 352.
Elisabeth, Gemahlin Friedrichs V. von der Pfalz, II 2, 431. III 1, 126.
Elisabeth, Tochter Peters d. Großen, IV 3, 5.
Elisabeth Charlotte von der Pfalz, Gemahlin Georg Wilhelms v. Brandenburg, III 1, 23. 31.
Elisabeth Charlotte von der Pfalz, Herzogin v. Orleans, III 3, 239 f.
Eller, brandenb. General, III 3, 344. 354.

Elrichhausen, Ludwig v., Hochmeister des deutschen Ordens. II 1, 106.
Elsaß III 3, 48. 60.
Eltz, hannöv. Geheimerath, IV 2, 101 f. 117. 217.
Emanuel, Prinz v. Portugal, IV 3, 121. 144.
Emden, Stadt III 3, 63. 488. 518. IV 2, 328.
Ende, v., braunschweigischer General, III 3, 375. 392.
Engelbert v. Nassau, II 1, 293.
Engelhard, Gesandter Friedrich des Sanftmüthigen. II 1, 71. 73.
Enghien, Herzog v., Sohn Condés, III 2, 360. 443.
Ensheim, Schlacht bei (1674) III 3, 323. 611.
Eosander, gen. Göthe, IV 1, 178. 267. 270. IV 2, 8. IV 4, 18.
Eperies, Blutgericht v.. III 3, 560.
Erasmus II 2, 68. 86.
Erbverbrüderung (1536) zwischen Brandenburg und Liegnitz II 1, 206. 374. III 4, 495. IV 1, 99.
Erfurt I, 132. (Erfordtia Praga 136); im Streit mit Kurmainz (1669) III 3, 37. 48—54.
Erfurt, Tag zu (1569) II 2, 311. (1613) II 2, 429. 476.
Erich, Herzog v. Pommern, König v. Dänemark, I, 78. 80. 277. 293. 321. 330. 344. 426. 451. II 1, 30. 110. 142. 163.
Erich, v. Sachsen-Lauenburg I, 319. 325. 391. 426.
Erich II., Herzog v. Wolgast, II 1, 163. 221; erhält Lauenburg und Bütow 228; im Streit mit Kurfürst Friedrich II. II, 228 f. 241. 249 f.; erhält Sagan 279. 295.
Erich I. v. Braunschweig II 2, 81 f. 84 f. 88. 125. 131. 137. 159 f.
Erich II. v. Braunschweig II 2, 210. 225. 259. 290. 293.
Erich XIV., König v. Schweden, II 2, 288 f. 300. 304.
Ermeland, Bisthum, III 2, 231. 257.

Ernst, Bruder Johann Sigismunds v. Brandenburg, II 2, 411 f. 414. 424; reformirt 118. 433; sein Tod 431.
Ernst, Markgraf, Sohn Johann Georgs v. Jägerndorf III 1, 107; Statthalter des Gr. Kurfürsten in den Marken 168 f. 182. 186.
Ernst v. Baiern, Erzbischof v. Cöln, II 2, 346. 373. 418.
Ernst, östreichischer Erzherzog, Statthalter in den Niederlanden, II 2, 321. 372. 275. 394.
Ernst v. Gotha, III 3, 49. 51.
Ernst v. Weimar, III 1, 39. 46.
Ernst August von Osnabrück und Hannover, III 3, 240. 255 f. 405. 476. 487. 519. 543. 555. IV 1, 10; erstrebt die Kurwürde 53; sucht das Primogenitur-Institut durchzusetzen 11. 62; schließt mit dem Kaiser eine Allianz 85; Kurfürst 86. 103; schließt ein Bündniß mit Friedrich III. 90; hetzt im Geheimen gegen ihn 104.
Ernst Casimir, Graf v. Nassau, II 2, 434. 438.
Espense, d', franzöf. General, IV 3, 415. 454. 626.
Essen, Verhandlungen zu (1656) III 2, 36 f.
Esthland II 2, 288.
Estrades, d', Gesandter Ludwigs XIV., III 3, (21 f.) 47. 79. 82; — der jüngere III 3, 270. 412.
Estrée, d', Cardinal, III 3, 551.
Eugen, Prinz v. Savoyen, III 3, 537. IV 1, 107; siegt bei Zenta 113; eröffnet in Italien den spanischen Erbfolgekrieg 160; bei Blindheim 181; in Berlin (1710) 219; von Villars (1713) geschlagen IV 2, 65. 72 f.; unterhandelt mit Villars 72; siegt bei Peterwardein 180; überwirft sich wegen der Kleementschen Sache mit dem Berliner Hofe 241. 246 f.; sucht das gute Vernehmen mit England aufrecht zu erhalten 285; auf der Seite der Pro-

testanten und Preußens IV 3, 20. 30. 34; seine Weisungen an Seckendorf 153; unterhandelt mit Robinson, dem englischen Gesandten, in Prag 163; intriguirt dort gegen Preußen 163 f.; Anführer im Krieg gegen die Franzosen (1734) 243 f.; im Feldzug v. (1735) 266. 267.

Eugenius IV., Papst, I, 374. 379. 389 f. 394. 415. 437. 442. II 1, 57. 62 f. 69 f. 72.

Eulenburg, Joh. Casimir v., preuß. Landvogt, III 2, 166. 230. 403.

Executionsvertrag (1715) IV 2, 111. 113.

Extendisten (auf dem letzten Regensburger Reichstage) III 3, 234 f.

Eyb, Ritter Ludwig v., I, 183.

Eyzinger, Ulrich v., II 1, 91 f. 105.

F.

Fagel, holländischer Rathspensionair, III 3, 389. 470.

Falkenberger Heide, Schlacht auf der, (1565) II 2, 299.

Fama, Europäische, IV 4, 18; Preußische ibid.

Fanö, dänische Insel, III 2, 332.

Fantinus, Dr., päpstlicher Legat, II 1, 198. 201. 203. 226.

Faßmann, David, Publicist, IV 4, 19—25.

Fauge, de, lothringischer General, III 2, 28. 35.

Fehmarn, Gefecht bei (1715) IV 2, 124.

Fehrbellin, Schlacht bei (1675) III 3, 350 ff.

Felix v. Savoyen, in Basel zum Papst gewählt I, 442. II 1, 45. 63. 74.

Fenelon, Erzbischof von Cambray, IV 1, 150.

Fenelon, französ. Gesandter im Haag, IV 3, 226. 318 f. 321. 330. 335 f. 339 f. 383. 388.

Feodor, Czar, III 3, 379.

Ferdinand I., Bruder Karls V., II 2, 62. 66 f. 76. 79; vermählt mit Anna v. Böhmen und Ungarn 94; sein Verhältniß zu Karl V. 111. 113. 120; König v. Böhmen und Ungarn 133 f.; unterh. mit den Türken 144 f.; seine Wahl zum römischen Könige 155; sein Krieg gegen die Türken 194 f.; im Schmalkaldener Kriege 213. 216; in Zwist mit Karl V. 228. 246; schließt sich an Moritz v. Sachsen an 251 f.; theilt seine Besitzungen 258; Kaiser 273; erklärt den Ritter Grumbach in die Acht 294; sein Tod 296.

Ferdinand, Erzherzog v. Tyrol, II 2, 310.

Ferdinand II., Erzherzog v. Steiermark, II 2, 395. 408; seine Wahl zum römischen König 443. 446. 450. 452; rüstet gegen die Evangelischen 449; unterwirft Böhmen III 1, 27 f.; giebt das Restitutionsedict 54; sein Verhalten zu Wallenstein 66. 80. 90; verbindet sich nach der Schlacht bei Nördlingen mit Ungarn und Spanien 109; vermählt seine Tochter mit Maximilian v. Baiern 109; läßt seinen Sohn zum römischen Könige wählen 113. 119. 120; sein Tod 126.

Ferdinand III. III 1, 54. 62; kaiserlicher Generalissimus 94; seine Wahl zum römischen König 113. 119. 120; beruft einen Reichstag nach Regensburg 143; giebt seine Einwilligung zum Westphälischen Frieden 241; aufgefordert gegen den Gr. Kurfürsten in der Jülichschen Sache einzuschreiten III 2, 24. 29. 31. 36. 38; bemüht die Wahl seines Sohnes zum römischen Könige durchzusetzen 65 f.; beruft einen Reichstag 66; in Prag 67 f.; in Regensburg 70—76. 96—108; in Augsburg bei der Wahl Ferdinands IV. 76—79; nimmt die clerische Deputation gegen den Gr. Kurfürsten an 127; schließt ein Bündniß mit Polen 209. 229. 240. 246; sein Tod 246.

Ferdinand IV., römischer König, III 2, 79. 94. 105.

Feria, Herzog v., spanischer General, III 1, 91 f.
Feuquières, französischer General und Diplomat, III 1, 86. III 3, 310. 318 f. 450.
Finkenstein, Graf, preuß. Gesandter in Schweden, IV 3, 374 f.
Firmian, Graf, Erzbischof v. Salzburg, IV 3, 155 f.
Fischhausen, Congreß zu (1629) III 1, 58. 263.
Flacius, lutherischer Theologe, II 2, 227. 262. 281.
Flemming, Graf, sächsischer Feldmarschall, IV 1, 22. 137. 177. 211; marschirt durch die Marken 241; in Holstein IV 2, 45; in Pommern 49 ff.; schließt mit Preußen den Executionsvertrag 111. 113. IV 4, 318—326; intriguirt in Wien gegen Preußen IV 2, 237; mit Seckendorf (1723) in Berlin 344; wegen eines Bündnisses (1727) in Berlin IV 3, 6. 9. 14; sein wohlthätiger Einfluß auf die sächsischen Finanzen 15 f.; in Wien (1728) 18; sein Tod 19.
Fleurus, Schlacht bei (1690) IV 1, 65. 281.
Fleury, Cardinal, IV 2, 408. 443 f. 452; sein Ansehen auf dem Congreß zu Soissons IV 3, 29. 45. 54; sein Verhalten zu den in Sevilla alliirten Mächten 76. 115 f.; rüstet 128 f. 132. 207; gegen die pragmatische Sanction 133; schließt den Wiener Frieden 273; seine Thätigkeit in der Jülichschen Sache 334; seine Politik 338. 358. 368 f. 381; nähert sich Preußen 339 f. 354 f.; schließt mit Preußen einen Vertrag über die Jülichsche Erbschaft 361. IV 4, 467—476; läßt mit Preußen wegen einer Allianz unterh. IV, 3, 389—394. IV 4, 477—481; sein politischer Einfluß IV 3, 405 f.
Franche Comté III 3, 148. 314. 390.
Francke, August Hermann, IV 1, 75.

Frangipan, Christoph, II 2, 123.
Frankfurt, Compositionstag zu (1631) III 1, 66. 76; Deputationstag (1643) III 1, 196—205. (1655) III 2, 150 f. 173. (1656) 183; Tag zu (1655) III 2, 150 f.
Frankfurter Anstand (1539) II 2, 177. 463; Conferenz (1681) III 3, 482. 485 f.; Convent (1634) III 1, 95.
Frankfurter Universität II 2, 36.
Frankreich, in den Unruhen der Fronde III 2, 12 f.; im Krieg gegen Spanien III 2, 13 f. — Im übrigen s. die einzelnen Regenten.
Franz I., König v. Frankreich, siegt bei Marignano II 2, 65; schließt Friede mit Spanien 66; mit Maximilian I. (1517) 69; strebt nach der Kaiserkrone 69 f. 75. 79—84; im ersten Krieg mit Karl V. 115. 123; bei Pavia gefangen genommen 126; schließt den Frieden zu Madrid 131; schließt mit Clemens VIII. die Liga von Cognac 133; im zweiten Kriege gegen Karl V. 134; im dritten 172; im vierten 208; sein Tod 218.
Franz II., König v. Frankreich, II 2, 284.
Franz, Herzog v. Lothringen, III 2, 101.
Franz (Stephan) v. Lothringen IV 2, 344. IV 3, 137 f. 149; vermählt mit Maria Theresia 277.
Franz Lothar, Erzbischof v. Mainz, IV 1, 103.
Franz Wilhelm, Bischof von Osnabrück, III 2, 16.
Frauenburg, Verhandlungen zu (1656) III 2, 191. 223.
Fraustadt, Schlacht bei (1706) IV 1, 188.
Fraustädter Schreiben (1719) IV 2, 254 f.
Fregino, Marinus de, II 1, 134. 374.
Freiburg im Breisgau III 3, 409. 439. IV 2, 65. 72 f.
Friedag von Gödens, Baron, östreich.

Gesandter in Berlin, III 3, 519. 527. 544. 638. IV 1, 18. 20. 50 f.; sein Bruder, Graf IV, 1, 91. 95.

Friedewald, Verhandlungen zu (1551) II 2, 245; (1552) II 2, 246.

Friedrich I., Burggraf zu Nürnberg, I, 87.

Friedrich III., Burggraf zu Nürnberg, I, 93; sein Tod 95.

Friedrich IV., Burggraf zu Nürnberg, I, 96. 105; in der Schlacht bei Mühldorf I, 108; sein Tod 112.

Friedrich V., Burggraf (1358) I, 127; sein Fürstenstand 92. 127; Verschwäg. mit Karl IV. 127; im Streit mit Nürnberg 128; theilt sein Gebiet unter seine Söhne 130. 152.

Friedrich, Burggraf zu Nürnberg, Bischof v. Regensburg I, 112.

Friedrich VI., Burggraf zu Nürnberg, I, 127; in der Schlacht bei Nicopolis 151; Hauptmann des fränkischen Landfriedens 152; bei der Wahl Ruprechts 157. 159; mit ihm nach Italien 161; gegen Sigismund 165; Verhandlungen für Ruprecht 167; zu König Sigismund 183; betreibt dessen Wahl im Reich 187 ff.; seine Hauptmannschaft in den Marken 200 f.; Eheberedung mit Rud. v. Sachsen 204; in den Marken (1412) 208 f.; sein Landfriede 219; zu Sigismunds Krönung 227; Sigismunds Feldhauptmann 235; erhält in Constanz die Mark Brandenburg erblich 239. 250; feierlich in Constanz belehnt 259; Reichsverweser 273; in den Marken:

Kurfürst Friedrich I. I, 280. 294; im Streit mit Ludwig dem Bärtigen 278. 297. 305; Bündniß mit Meißen und Kursachsen 299; will seinen zweiten Sohn mit Hedwig v. Polen verheirathen 299. 301. 309; zum obersten Feldhauptmann gegen die Hussiten ernannt 314; mit Sigismund verfeindet 317 ff.; versöhnt 336; zieht (1427) gegen die Hussiten 347; in Frankfurt von neuem zum Führer gegen die Hussiten gewählt 351 f.; unterhandelt mit ihnen 366; fördert die Berufung des Concils zu Basel 373; von neuem Hauptmann gegen die Hussiten 379; in Basel 407; in Regensburg (1434) 409; in Eger 417; theilt s. Gebiet (1437) 417; bei der Kaiserwahl (1438) 434; bei der Kaiserwahl (1440) 452; wird in Böhmen zum König gewählt 455. II 1, 140; sein Tod 457. — Seine Erfolge II 1, 25; sein zweiter Sohn

Friedrich II. Kurfürst v. Brandenburg, I, 410; erhält die Regierung der Marken 427; vermählt 442. II 1, 33; seine Verwaltung in den Marken I, 449; erhält die kurfürstliche Würde II 1, 29 f.; gegen Friedrich den Sanftmüthigen 32; empfängt in Berlin die Huldigung 34; unterwirft Berlin 36 f.; sein Verhältniß zu den Ständen 39 f.; seine Kirchenreformen in den Marken 43 f. 71; gegen Pommern 49; erhält die polnische Krone angeboten 60; demüthigt Berlin 79; kauft die Landvoigtei der Lausitz 84; sucht dem Deutschen Orden zu helfen 141; erlangt die Neumark 110. 142. 373; unterhandelt mit Georg Podiebrad 172 ff.; seine „Werbung an den Kaiser" 175; kommt Albrecht Achilles zu Hilfe 185; in Gefahr die Lausitz zu verlieren 186 f. 193. 198; gegen Georg Podiebrad 194. 198; erhält Altmark und Priegnitz 214; vertheidigt seine Rechte auf Pommern 228 f.; erhält die böhm. Krone angeboten 237; bekriegt Pommern 241. 248; unterhandelt mit Albrecht Achilles wegen Uebernahme der Marken 250; sein Tod 250; Sein jüngster Bruder

Friedrich, I, 427. II 1, 29; erhält Altmark und Priegnitz 78. 162; sein Tod 214.

Friedrich, Markgraf, Sohn von Albrecht Achill, II 1, 335. II 2, 21;

Partisan Östreichs 30 f. II 2, 58; von seinen Söhnen gefangen gesetzt 64.

Friedrich, Sohn Joachims II., Erzbischof v. Magdeburg II 2, 216 f. 238. 246. 263.

Friedrich III., Kurfürst v. Brandenburg, zweiter Sohn des Gr. Kurfürsten, seine erste Ehe III 3, 543; in zweiter Ehe vermählt mit Sophie Charlotte v. Hannover 519; sein Character 540. IV 1, 74; verpflichtet sich Schwiebus an den Kaiser zurückzugeben III 3, 544. IV 4, 162 f.; im Streit mit seinem Vater III 3, 544 f. 577; Kurfürst IV 1, 13; beanstandet das Testament des Großen Kurfürsten 14; sein Regierungsantritt 17 f.; giebt Hannover nach 18 f.; verspricht Wilhelm v. Oranien zu helfen 21; schließt eine Allianz mit Karl v. Hessen 21 f.; mit Johann Georg III. v. Sachsen 22; schickt Truppen nach Cleve zum Schutze Wilhelms v. Oranien 26; läßt Cöln besetzen 26; läßt gegen Ludwig XIV. marschiren 28 f.; geht nach Wesel 31; kehrt nach Berlin zurück 34; schickt Schmettau nach London 38; erklärt Ludwig XIV. den Krieg 44 f.; eilt nach dem Niederrhein 45; bei der Belagerung von Bonn 45—48; nach Augsburg zu einem Collegialtag geladen 49; vom Kaiser gedrängt wegen des Schwiebusser Kreises 51 f.; lehnt es ab, nach Augsburg zu gehen 59; läßt durch die beiden Danckelmann in Augsburg seine Stimme abgeben 60; das Sinken seines Einflusses 61; schickt Thomas Danckelmann nach London 63; läßt sich in Preußen huldigen 62. 65; eilt nach der Schlacht bei Fleurus nach den Niederlanden 65; unterhandelt mit Wilhelm III. (1690) 68 f.; schickt dem Kaiser Türkenhilfe 70; kommt mit Wilhelm III. im Haag zusammen 70 f.; tritt der großen Allianz bei 71 f.; seine Thätigkeit für Handel und Gewerbe 74 f.; für Kunst und Wissenschaft 75. 166; seine Finanzen 77. 166 ff.; kommt mit Johann Georg IV. von Sachsen in Torgau und Berlin zusammen 83 f.; eilt nach dem Rhein, um Namur zu helfen 85; widerräth die Investitur Hannovers 86; dringt aber zuletzt auf deren Beschleunigung 87 f.; schließt mit Hannover ein Bündniß 90; die Vertheilung seiner Truppen (1693) 91; schließt durch Fridag ein Bündniß mit dem Kaiser 91 f.; in Crossen 92 f.; erstrebt die Königskrone 94 f. 139. 143. 151; unterhandelt deshalb mit dem Kaiser 96 f.; giebt dem Kaiser Schwiebus zurück 99 f.; kommt mit Wilhelm III. im Haag zusammen (1695) 105; der Mecklenburgische Streit 109; erneuert die Defensiv-Allianz mit Schweden und schließt eine solche mit Baiern 111 f.; seine Gesandten auf dem Ryswicker Friedenscongresse 112; wird in den Ryswicker Frieden mit eingeschlossen 114; seine Subsidienforderungen 114 f.; sein Verfahren gegen Danckelmann 117—123; vom Kaiser zurückgesetzt 131; kauft einige sächsische Aemter von August II. 132; kommt mit August II. in Johannisberg zusammen 132 f.; unterhandelt mit ihm wegen Elbing und Crossen 132 f.; besetzt Elbing 133 f.; seine Stellung zu Schweden und der nordischen Allianz 135 f. 141; nähert sich dem Kaiser wieder 137; kommt mit August II. in Oranienbaum zusammen 140 f.; schickt den Kurprinzen nach Holland 149; erläßt ein Schreiben an den Geheimenrath wegen Annahme der Königskrone 151 f.; erhält dazu die kaiserliche Bewilligung 152 f.; zur Krönung nach Königsberg 153; als König

Friedrich I., der Preis für die Königskrone 155 f. 159; Wirkungen der

Annahme der Königskrone 156 f.; seine Thätigkeit für die Evangelischen 157 f.; erhält vom Kaiser Zusicherungen in der oranischen Erbschaftssache 159; betheiligt sich (1702) am spanischen Erbfolgekriege 161; vergrößert die Armee 168; die Milizen 168; die oranische Succession 170—173; schließt einen Vertrag mit Karl XII. 175 f.; läßt Karl XII. Vorschläge machen zur Theilung Polens 178. 182; erhält Anträge Karls XII. 185; schwankt zwischen Schweden und Rußland 186 ff.; versucht eine Tripelallianz zu Stande zu bringen 191; geht nach Hannover und dem Haag 192. 196; schließt einen Vertrag mit Schweden 198 f.; heirathet zum dritten Male 204; vom Kaiser vor der Reichscommission angeklagt 209; kommt mit August II. und Friedrich IV. von Dänemark in Potsdam zusammen 212; mit Peter d. Großen in Marienwerder 213; veranlaßt (1710) die Neutralitätsacte 217; kommt mit August II. in Leipzig zusammen 216; Idee einer Theilung Polens 218. IV 4, 284 ff.; seine Mißregierung IV 1, 225 f.; entläßt Wartenberg 228 ff.; seine Bethätigung an der Wahl Karls VI. 235 ff. IV 4, 297—299; geht wegen der oranischen Erbschaft nach den Niederlanden 237 ff.; erhält von Baiern-Cöln Aussicht auf die Kaiserkrone 238; seine Forderungen auf dem Utrechter Friedenscongreß 256; im Streit mit den Staaten 258 ff.; läßt Mörs besetzen 260 ff.; giebt seine Einwilligung zum Frieden 261 f.; sucht im Nordischen Kriege Frieden zu stiften 265 ff.; scheitert damit 270; sein Tod 271; sein Begräbniß IV 2, 10. — Rückblick auf seine Regierung IV 2, 4 ff.

Friedrich II. der Große, Kronprinz, soll mit einer englischen Prinzessin verlobt werden IV 2, 354. 381. IV 3, 42; zum Besuch am Dresdener Hofe (1728) IV 3, 16. 43; sein Verhalten zu seinem Vater 42 f. 105. IV 4, 398—401; unterhandelt im geheimen mit Hotham, dem englischen Gesandten 94; will nach England fliehen 101. 105 ff.; in Arrest genommen 108; nach Cüstrin gebracht 108 f.; das Köpeniker Kriegsgericht lehnt die Entscheidung über ihn ab 110; vom König begnadigt 111 ff. 113; Auscultator in der Kriegs- und Domainenkammer 113; mit dem König versöhnt 135; mit der Prinzeß von Braunschweig-Bevern verlobt 136; Obrist in Ruppin 138; vermählt 202; beim Tode seines Vaters 408 f.

Friedrich der Schöne, Herzog von Östreich, König I, 107.

Friedrich, Herzog v. Östreich-Tyrol, I, 193. 205. 224; auf dem Concil in Constanz 233; seine Unterwerfung 235 f.; seine Flucht 258; Aechtung 259. 261. 270.

Friedrich III., deutsch. Kaiser, I, 429; seine Herkunft 447; .seine Wahl 451 ff.; seine Krönung II 1, 45; pactirt mit Karl VII. von Frankreich 51; sein Character 56; erkennt Eugen IV. als Papst an 57; zum Kaiser gekrönt 93; erkennt Calixtus an 125; von den Kurfürsten vorgefordert 129; versöhnt sich mit Georg Podiebrad 155; im Streit mit seinem Bruder Albrecht 163 f. 203; verhindert Podiebrads Wahl 177; Verbindung gegen ihn 173. 179; in Wien eingeschlossen 202 f.; von Georg Podiebrad gerettet 203; spricht den Brandenburgern Pommern ab 229; mit Ludwig v. Baiern geeint 231; im Krieg mit Georg Podiebrad 236 f.; pilgert nach Rom 241; in Regensburg (1471) 262; in Augsburg (1473) 285; zieht nach Burgund 286; im Streit mit Burgunb 292—301; verbündet sich mit Ludwig XI. 296; im Krieg gegen Matthias v. Ungarn 309. 314. 325. 330; Wien belagert 344; verläßt Östreich 349; bewirkt in Frankfurt die Wahl seines Sohnes 355.

Friedrich I. von Gottorp, Sohn Christians I., II 2, 49 f. 52. 107; König v. Dänemark 116 f. 136. 150; sein Tod 156.

Friedrich II., König von Dänemark, II 2, 288 f. 297.

Friedrich III., König v. Dänemark, III 2, 139; rüstet gegen Schweden 240. 247; geschlagen 271 f. 326; unterhandelt mit Karl Gustav von Schweden 340 f. 354. 358 f.; verwendet sich für den Gr. Kurfürsten bei Holland III 3, 68; gegen Gottorp 354.

Friedrich IV., König v. Dänemark IV 1, 135; greift Schweden an 141; fordert Brandenburg zur Theilnahme auf 141; zum (Traventaler) Frieden gezwungen 141; nimmt wieder Theil am Nordischen Kriege 264 ff.; seine Erwerbungen IV 2, 43 f.; unzufrieden über den Schwedter Vertrag 68; nimmt Tönningen 81; einigt sich mit Peter d. Gr. zu einer Expedition nach Schonen 160. 174.

Friedrich von Gottorp IV 1, 135.

Friedrich, Pfalzgraf, Bruder Ludwigs von der Pfalz, Partisan Östreichs II 2, 75. 84. 120. 157; evangelisch 209. 221. 264.

Friedrich III., Kurfürst v. der Pfalz, II 2, 285 f. 335.

Friedrich IV., Kurfürst v. der Pfalz, II 2, 344. 366. 394. 407. 423.

Friedrich V., Kurfürst von der Pfalz, König v. Böhmen, unter Vormundschaft II 2, 423; mit Elisabeth v. England vermählt 431; zum König von Böhmen gewählt 452; geht nach Böhmen 452.

Friedrich von Sachsen, Hochmeister des Deutschen Ordens, II 2, 53 f. 55 f. 58.

Friedrich der Streitbare von Meißen, bei Sigismunds Wahl I, 197; in Constanz 260; in Breslau 289; sein Bündniß mit Kurfürst Friedrich I. 298; soll die böhmische Krone erhalten 309. 315; erhält Kursachsen 319. 335; sein Tod 354.

Friedrich der Sanftmüthige, Kurfürst von Sachsen, I, 369. 388. 450. II 1, 31; erstrebt die Lausitz II 1, 31. 84. 195; sein Tod 221.

Friedrich der Weise, Kurfürst von Sachsen, II 2, 8. 12. 31. 51; seine Macht 55. 68. 70; bei der Wahl Karls V. 73; Reichsvicar 82; seine Aussicht Kaiser zu werden 84 f. 87 f.; sein Verhalten zu Luther 105. 110; sein Tod 130.

Friedrich von Braunschweig I, 146; ermordet 156.

Friedrich, Sohn Georgs II. v. England, IV 2, 354. 381. IV 3, 44.

Friedrich von Liegnitz, II 2, 174. 206.

Friedrich von Württemberg-Mümpelgard II 2, 350.

Friedrich (mit dem silbernen Bein), Prinz von Homburg, III 3, 350.

Friedrich, Erbprinz von Hessen-Kassel, IV 2, 90. 108 f.; König von Schweden IV 3, 84.

Friedrich August v. Sachsen, s. August II.

Friedrich Heinrich v. Oranien, s. Oranien.

Friedrich Wilhelm, der Große Kurfürst, als Kurprinz nach Cüstrin geschickt III 1, 48; seine Vermählung mit Christine von Schweden beabsichtigt 79; in Holland erzogen 107. 125; aufgefordert zurückzukehren 126; von den clevischen Ständen zum Statthalter gefordert 119. 127; verläßt Holland 127. 130; geht mit seinem Vater nach Preußen 131; Kurfürst 155; seine Lage bei der

Thronbesteigung 156 f.; sein Verhalten zu Schwarzenberg 158. 160; ernennt Markgraf Ernst zum Statthalter in den Marken 169 ff.; schließt mit Schweden (1641) einen Waffenstillstand 170. 179. 182 f. 187; vermindert sein Heer 163 f. 171; bewirbt sich bei Polen um die Belehnung mit Preußen 165. 172 ff.; setzt in Preußen den von seinem Vater berufenen Landtag fort 171 f.; entläßt Abraham Spiring 173; soll mit einer polnischen Prinzessin verlobt werden 174; empfängt in Warschau die Belehnung 175 f.; im Streit mit den Ständen in Preußen 171 f. 176; in Brandenb. 177 f.; die Hoefyserſche Schuld 180; sucht die clevischen Lande neutral zu machen 180 f. 190; schickt eine Gesandtschaft nach Stockholm 184; seine Verlobung mit Christine von Schweden geplant 185. 209. 217. 219; begiebt sich aus Preußen nach der Mark 186; sucht die Marken zu verbessern 189; schickt brandenb. Truppen nach Cleve 190 f.; seine Beamteten 192 f.; bestrebt den Frieden herzustellen 194. 206 ff. 234; seine religiöse Stellung 195; sein Verhalten zum Regensburger Reichstage 196; zum Frankfurter Deputationstage 197—205; seine Vertreter in Münster und Osnabrück 210 f. 220; wirbt um Luise Henriette von Oranien 217. 223; sucht seine Truppen zu vermehren 220; reist nach Holland 219 f.; empfängt in Lengerich seine Gesandten auf dem Osnabrücker Congreß 220; zwingt den Pfalzgraf von Neuburg zu Unterhandlungen 222; im Haag 223; in Cleve 225; verzichtet auf Vorpommern gegen angemessene Entschädigung 227; schließt sich an Frankreich an 229; will sich an Schweden anschließen 231; erhält das Anerbieten einer französischen Allianz 232; einer kaiserlichen 233. 235; bestrebt, eine dritte Partei zu bilden 234. 236; setzt die Aufnahme der Reformirten in das Augsburger Glaubensbekenntniß durch (Art. VII) 238; seine Erwerbungen im Frieden zu Münster und Osnabrück 246—248; die Schwierigkeiten bei der Ausführung der Friedensbestimmungen 248 f.; seine Unterhandlungen mit Holland 249; unterhandelt mit den clevischen Ständen 251; mit den preußischen 252; mit den märkischen 253; kann von Schweden die Ausführung der Friedensbestimmungen nicht erhalten III 2, 5 f.; von neuem in Streit mit Pfalz-Neuburg 14 f.; kommt in Lichtenberg mit Johann Georg v. Sachsen zusammen 16 f.; rüstet gegen Pfalz-Neuburg 18 f.; in Cleve 20; seine Stellung zu den Staaten 21 f.; im Haag 22. 28. 33; greift Pfalz-Neuburg an 20. 26; Unzufriedenheit darüber in Cleve 27; macht dem Pfalz-Neuburger Versöhnungsanträge 28; kommt mit dem Pfalzgrafen bei Angerort zusammen 34; läßt in Essen mit dem Pfalzgrafen verhandeln 36 f.; schließt einen Vergleich mit ihm 40; die Folgen des Angriffs für Brandenburg 40—46; reorganisirt den Geheimerath 50 f.; reorganisirt das Finanzwesen 52 ff.; organisirt die Heereseinrichtung 55 ff.; „sein eigner Minister" 58 f.; mit Schweden in Streit wegen der Zölle 64 f. 67. 74; reist nach Prag zu Ferdinand III. 69; nach Dresden 70; seine Vertreter auf dem Regensburger Reichstage 70. 75. 97—107; kommt dem Kurfürsten von Cöln gegen den Herzog v. Lothringen zu Hilfe 91; sein Verhalten zu Holland und Frankreich 95 f.; Vorlage für den Geheimerath über den Regensburger Reichstag 109—113; sein Verhalten zu Waldeck 115; seine Politik 115 f.; erhält Hinterpommern 75. 117; im

Streit mit den Ständen der Mark 118—121; von Cleve 122—130; tritt in Unterhandlungen mit Karl Gustav v. Schweden 141. 153 ff.; beräth mit dem Geheimerath seine Stellung zu Polen und Schweden 142 f.; warnt Polen 144; seine Stellung zu Polen 146; sucht ein Bündniß mit Holland 148. 158 f.; nähert sich dem Kaiser 159; schickt Löben nach Wien 160. 173; unterhandelt mit den clevischen und preußischen Ständen wegen neuer Bewilligungen 161—166; seine Truppen 166. 174; begiebt sich selbst nach Preußen 167; in Westpreußen 167 ff.; Verhandlungen in Rinsk und Marienburg 169; schickt Bonin nach Wien 172 f.; unterhandelt mit Karl Gustav 177; schließt mit ihm den Vertrag zu Königsberg 179 ff.; gegen Pfalz-Neuburg (1656) 184 f.; nähert sich Frankreich 185; schließt mit Karl Gustav den Marienburger Vertrag 196 f.; rückt mit ihm in Polen ein 199 ff.; Schlacht bei Warschau 201—208; empfängt den russischen Kanzler 211 f.; seine weitere Haltung gegen Schweden 216 ff.; zu Holland 218; Elbinger Vertrag 219; bemüht die Souverainetät in Preußen zu erlangen 221 f. 223; schließt den Vertrag von Labiau 231; schickt Bonin an Johann Casimir 234; Schwerin u. Jena an Karl Gustav 234; sein Memorial über den Frieden 234 f.; unterhandelt weiter mit Polen 248; 254 f.; von Karl Gustav im Stich gelassen 249 ff.; gewinnt durch den Vertrag von Wehlau die Souveränetät in Preußen 257; kommt in Bromberg mit Johann Casimir zusammen 257; schließt mit ihm den Bromberger Vertrag 258. — Seine Gesandten bei der Wahl Leopolds I. III 2, 267. 289 ff.; seine Thätigkeit bei derselben 268. 286; unterhandelt in Prag mit Östreich 268 ff.; schließt mit demselben ein Bündniß gegen Schweden 275. 280; seine Instruction zu Leopolds Wahl 287; weigert den Beitritt zum Rheinbund 301. III 3, 10. 36; greift die Schweden in Holstein an III 2, 307; geht nach Alsen über 310; verwendet sich beim Kaiser für die Evangelischen in Schlesien 313; seine Stellung zu Frankreich 317 ff. 328 ff.; nimmt Friedrichsödde 330 f.; erobert Fanö 332; greift Fünen an 333; unterhandelt mit dem Kaiser und Dänemark wegen des Angriffs auf Schwedisch-Pommern 337 f.; rückt in Schwedisch-Pommern ein 339 f. 348 f.; seine Truppen siegen bei Nyborg 348; schließt den Frieden von Oliva 353—360. — Seine „absolute Monarchie" 372 f.; demüthigt die clevischen Stände 374—380; schließt mit Pfalz-Neuburg den „beständigen Erbvergleich" (1666) 381. III 3, 68. 116; seine Souveränetät in Preußen III 2, 382—390; erhält die polnische Krone angeboten 395 f. 407; sein Streit mit den preußischen Ständen 361—442; geht selbst nach Königsberg 442. 448; läßt Roth verhaften 448; ihm den Proceß machen und ihn nach Peitz bringen 449; seine Unterhandlungen mit den Ständen 450—454; unterhandelt mit der polnischen Huldigungs-Commission wegen Braunsberg 456; empfängt in Königsberg die Huldigung 457; kehrt nach Berlin zurück 457; sein Charakter und seine Ziele 459—463. —

Bemüht eine Marine zu schaffen III 3, 6; schließt eine Allianz mit Karl II. v. England 17. 19; von Frankreich und Schweden zurückgewiesen 23; unterh. mit dem Kaiser wegen Jägerndorf 27 f.; schickt Türkenhilfe 30. 33. 42—46; kommt mit Johann Georg II. in Torgau zusammen 37; tritt dem Rheinbund bei 39. 46; unterhandelt mit Schweden 40; nimmt sich Erfurts an 49 ff. 55; unterhandelt mit Holland wegen der Hoefyserschen Schuld 64—70. 76; schließt mit Münster und Pfalz-Neuburg den Vertrag zu Dorsten 71 f.; begiebt sich bei dem Einrücken der Franzosen nach Cleve 80; unterhandelt dort mit Frankreich, Holland, Dänemark 81—84; unterhandelt mit Pfalz-Neuburg (1666) 88 f.; vermittelt zwischen Münster und den Staaten 91 f. 94 f.; schließt Defensiv-Allianzen 96 f.; geht nach dem Haag 99; läßt Magdeburg besetzen 101—105; vermittelt den Vertrag von Habenhausen 107—111; die Quadrupelallianz 110. 113; verwendet sich für Polen 119 f.; aufgefordert den spanischen Niederlanden zu helfen 133 f.; nimmt gegen Frankreich Partei 135 ff.; nähert sich Frankreich wieder 167 ff.; sein Verhältniß zu Polen (1668) 157 ff. 169 f.; verheirathet sich zum zweiten Male 160 f.; seine Stellung zur Tripelallianz 166 ff.; schließt eine Allianz mit Frankreich 177 f. — Seine relig. Richtung 183 f.; Verhältniß zu den Andersgläubigen 184 f.; schützt die Glaubensgenossen in andern Ländern 184 f.; baut den Mühlroser Canal 186; das Postwesen 186; seine Finanzen 187 ff.; Steuerwesen 189 f.; erneuert den Kampf gegen die Preußischen Stände 191—212; läßt den Obrist v. Kallstein vor Gericht stellen 195 ff.; fordert seine Auslieferung von Polen 201 f.; läßt ihn durch Brandt in Warschau gefangen nehmen 202 f.; vor Gericht stellen und hinrichten 207—211; lehnt den Eintritt in die Tripelallianz ab 222 f.; seine Stellung zu den Extendisten 235; von Östreich schlecht behandelt 239; besetzt Reinstein 240; wird von Ludwig XIV. (1671) zu einer Allianz aufgefordert 243. 251; unterhandelt mit den Staaten 251 ff.; schließt mit ihnen eine Allianz 254 f.; kommt mit Johann Georg II. in Potsdam zusammen 256; zieht Östreich in die holländische Allianz 258 ff.; sendet Polen Hilfe gegen die Türken 261; schickt Pöllnitz nach Holland 264 ff.; zieht gegen Ludwig XIV. (1672) 269. 272 ff.; muß sich vor Turenne zurückziehen 280 ff.; verhandelt durch Wangelin mit den Franzosen 286 ff.; schickt Meinders zu Turenne und Ludwig XIV. 290 ff.; schließt den Frieden zu Vossem (1673) 293; sendet von neuem Polen Hilfe gegen die Türken 298; schließt einen Vertrag mit Schweden 306. 317; unterhandelt mit dem französischen Gesandten Verjus 311 f.; seine Stellung zur Wahl Johann Sobieskis in Polen (1674) 314 f.; bricht mit Frankreich (1674) 318 f.; zieht gegen Turenne 320; steht ihm gegenüber 324 f.; bezieht im Elsaß Winterquartiere 327; verliert seinen ältesten Sohn 327 f.; kommt Bournonville zu Hilfe 331; bei Türkheim geschlagen 331 f.; muß den Elsaß aufgeben 332 f.; bezieht Winterquartiere in Franken 333; erfährt den Einfall der Schweden in der Mark (1675) 336 f. 338 ff.; kommt in Cleve mit Wilhelm v. Oranien zusammen 342; im Haag 342 f.; zieht aus Franken in die Mark gegen die Schweden 347 f.; bis Magdeburg 347; überfällt die Schweden in Rathenow 348 f.; besiegt sie bei Nauen 349 f.; bei Fehrbellin 350 f.; verfolgt die Schweden 353. 357; nimmt Warnemünde 354; kommt mit Christian V. in Gadebusch zusammen 357; erreicht Schwedisch-Pommern 357 f.; Schwerin nimmt Wollin 358; vor Stralsund 358 f.; nimmt Wolgast 359; beabsichtigt die Belagerung Stettins 360; vertheidigt Pommern gegen die Schweden 362 ff.; mißgestimmt gegen den Kaiser wegen der Winterquartiere 365 f.; beansprucht Schwedisch-Pommern für sich 367. 381; geht wieder gegen Schweden vor (1676) 374; nimmt Anclam 375; Demmin 376; Löcknitz 376; schließt ein engeres Bündniß mit Dänemark 377 f.; fürchtet Polen 378 f. 416 f.; schickt Gesandte auf den Friedenscongreß zu Nymwegen 380 f.; sucht eine Einigung wegen der Conquesten herbeizuführen 383 f.; sein Plan für den Feldzug (1677) 387 f.; erkrankt in Hamm 388 f.; begiebt sich nach Cleve 389 f.; belagert Stettin 392. 394 f.; nimmt dasselbe 396; verhandelt mit Wilhelm v. Oranien 411 f.; rückt (Anfang 1678) in Schwedisch-Pommern vor 419 f.; erobert Rügen 421 ff.; erobert Greifswald und Stralsund 424; will, nachdem die Staaten den Frieden zu Nymwegen geschlossen, den Krieg fortsetzen 428 f.; sendet Görtzke nach Preußen gegen die einbrechenden Schweden 432; geht selbst über das frische Haff 433; über das curische Haff 434; verfolgt die Schweden 435; will auch nachdem der Kaiser abgeschlossen den Krieg fortsetzen 441 f.; übergiebt im Vertrag zu Xanten Wesel und Lippstadt an die Franzosen 445; führt den Krieg weiter 447 f.; schließt mit Ludwig XIV. den Frieden zu St. Germain 449 ff.; bietet Ludwig XIV. eine Allianz an 454; schließt mit ihm einen geheimen Vertrag 458; sucht ein Festungssystem in seinem Lande herzustellen 466 f.; unterhandelt mit Amerongen wegen der rückständigen Subsidien 469 f.; unterhandelt mit Rebenac wegen der französischen Allianz 470 f.; erhält Magdeburg 472; vermählt seinen Sohn Ludwig mit Louise Radzivil 472. 478; fordert vom Reichstage die Satisfaction für die Garantie Cleves und Pommerns 473; fordert von Spanien vergeblich die rückständigen Subsidien 474; läßt spanischen Schiffen auflauern 474; schickt Schiffe nach Afrika 475. 479; seine maritimen Pläne 475 f.; schließt mit Ludwig XIV. (1681) eine Defensiv-Allianz 477; wird in seinen maritimen Plänen von den Holländern gehindert 479; kommt mit den Welfen in Pyrmont zusammen 481; schließt (1682) mit Ludwig XIV. einen neuen Vertrag 485; kommt den Ostfriesischen Ständen zu Hülfe 487 f.; schickt Schwerin zu Unterhandlungen nach Wien 495 f.; will den Kaiser vom Kriege gegen Frankreich zurückhalten 493; trägt dem Kaiser seine Ansprüche auf Brieg, Liegnitz, Wohlau vor 495 ff.; schließt (1683) einen neuen Vertrag mit Ludwig XIV. 499; ratificirt denselben aber nicht 500; erbietet sich (1683) dem Kaiser Hilfe zu schicken 502 f.; der Kaiser lehnt aber seine Forderungen dafür ab 504; schließt (1684) einen neuen Vertrag mit Ludwig XIV. 511; nähert sich Hannover 519; dem Kaiser 519; versucht (1685) eine Coalition gegen Frankreich zu bilden 523; schließt eine Allianz mit den Staaten 526; mit den Schweden 529; erläßt zum Schutze der Hugenotten das Potsdamer Edict 530; geräth darüber in Conflict mit Ludwig XIV. 532 f.; schließt mit dem Kaiser einen Vertrag (1685) 533; erhält den Schwiebusser Kreis 534; geht nach Cleve zu einer Besprechung mit Wilhelm v. Oranien 535; Entwurf zu einem schwedischen Kriege (1686) 535 f.; sein Hof 538 f.; seine Familie 540 ff.; seine Testamente 541 f. 545 f. IV 4, 129—202; nähert sich dem Bruche mit Frankreich 551 f.; im Streit mit dem Kurprinzen 558 f.; begünstigt Wilhelm III. 563 ff.; die letzte Geheimeraths-Sitzung 569; sein Tod 570 f.

Friedrich Wilhelm I., König v. Preußen, IV 1, 20; bei Wilhelm III. 149; Rundreise in den Niederlanden 150; verlobt 187. 192; sein Character 203 f. IV 2, 6 f. 25. 169; veranlaßt den König zu einer Untersuchung der Nothstände des Landes IV 1, 226; König 272; seine ersten Schritte 272; Neugestaltung des Hofstats IV 2, 7 f.; Reform des Justizwesens 11 f.; Reform des Kriegswesens 13—18; Förderung der Industrie, namentlich der Wollenfabrication 18 f. 194; des platten Landes und der Domainen 20. 196. 348; Reform des Beamtenthums und der Verwaltung 22—24; schließt den Utrechter Frieden 32; lehnt die Weiterführung des Krieges ab 38. 52; lehnt die Theilnahme am Nordischen Kriege ab 43. 50 f.; schließt mit Holstein-Gottorp einen Vertrag 47; unterhandelt mit den nordischen Alliirten 53 ff.; schließt den Schwedter Vertrag 58 ff.; zwingt Holland seine Verpflichtungen zu erfüllen 62 ff.; vermittelt zwischen Frankreich und dem Kaiser 66 f.; bezieht wegen Tönningen ein Lager bei Lenzen 70 f.; bestrebt Stettin zu behalten 76 f.; sucht Frieden zu stiften 79 f.; erhält von Peter d. Gr. nicht die Ratification des Schwedter Vertrages 80; unterhandelt mit Frankreich durch Rottenburg 82; schickt Dohna nach Wien (1714) 85; billigt den Rastadter Frieden 87; schließt einen Garantievertrag mit Rußland (1714) 88 f. 91. 97; schließt eine Allianz mit Hannover 101 f.; unterhandelt mit Karl XII. nach dessen Rückkehr 105 ff.; bricht diese Verhandlungen ab 108 f.; schließt mit Flemming den Executionsvertrag 111. 113. IV 4, 318—326; nimmt die franzöf. Mediation mit Karl XII. an IV 2, 115. 128 f.; entschließt sich offensiv am Nordischen Kriege Theil zu nehmen 117; erklärt Schweden den Krieg 122 f.; schließt Verträge mit Dänemark und Hannover 130; schickt seine Truppen mit den Dänen vereint vor Stralsund 131; läßt Wolgast u. Usedom nehmen 133 f.; läßt Stralsund überfallen 140 f.; nimmt Rügen 142 f.; belagert Stralsund 143 f.; erobert es 145; (das Journal über den Feldzug von 1715 IV 4, 327—370); darüber in Mißgunst bei Kaiser und Reich 144 f.; kommt mit Peter d. Gr. in Stettin zusammen 158; versucht einen allgemeinen Frieden zu stiften (1716) 172 f.; schließt eine Defensiv-Allianz mit Frankreich 179; kommt mit Peter d. Gr. in Havelberg zusammen 184; übernimmt die Beaufsichtigung der städtischen Finanzen 197; veranlaßt die Allodification der Lehen 198 f.; findet darin Widerstand beim Kaiser 214; erneuert (1718) sein Bündniß mit Peter d. Gr. 225. 232; die Kleementsche Sache 232—247; durch die Wiener Allianz bedrängt 247 ff.; verhandelt mit England 261 ff.; will diese Verhandlungen abbrechen 266; schließt mit England ab 272 ff.; schließt mit Schweden den Frieden zu Stockholm 278; sein Verhältniß zu Peter d. Gr. 278 ff.; schließt mit ihm ein Concert in Betreff Polens 280; begiebt sich nach Herrnhausen 280 f.; nimmt sich der Evangelischen in der Pfalz an 286. 288 f.; geräth darüber in Conflict mit dem Kaiser 293; sein Verhalten zu den Vergrößerungsplänen Peters d. Gr. 313; kommt bei Danzig mit Flemming zusammen 314; geht in das Uebungslager bei Königsberg 314 f.; mit dem Kaiser in Streit wegen Tecklenburg u. Ostfriesland 328 f.; ruft seinen Gesandten Cangießer von Wien ab 332; in erneutem Zwist mit dem Kaiser 338 ff.; versöhnt sich wieder mit ihm 346;

nimmt die vertriebenen Evangelischen in seinen Ländern auf 348; setzt das General-Oberste-Finanz-Kriegs- und Domainen-Directorium ein 350 ff.; schließt mit Georg I. bei dessen Anwesenheit in Berlin ein Defensiv-Bündniß (Charlottenburger Vertrag) 355; von neuem in Zwist mit dem Kaiser 358 f.; interrenirt bei August II. wegen des Thorner Blutgerichts 362; von Katharina I. zum Vorgehen gegen Polen aufgefordert 364; rüstet gegen Polen 368 f.; vom Kaiser zum Beitritt zur spanischen Allianz aufgefordert 372; schließt sich an Rußland an 376; kommt in Hannover mit Georg I. zusammen 378; schließt die hannövrische Allianz 379 ff. IV 4, 392—397; Aufregung darüber IV 2, 383 ff.; die „18 Fragen" 389; Verlegenheiten wegen der Allianz 386 ff. 392 ff.; mißtraut den Alliirten 404; fordert von seinen Generalen ein Gutachten über die Allianz 406; seine Forderungen an die Alliirten für die geforderte Offensive 407; schließt mit Rußland einen Vertrag (1726) 410 f.; unterhandelt mit Seckendorf (1726) 414 f.; reist nach dem Haag 417 f.; giebt in der Jülich-Bergischen Erbfrage und dem privilegium de non appellando nach 419 f. 447; schließt den Wusterhausener Vertrag 424; unterhandelt mit Seckendorff aufs neue 431 f. 435. 439. 446; schickt Polentz nach London 432 f.; die englische Doppelheirath 354. 381. 418. 445. IV 3, 42 ff. 172. 178; die Enthüllungen über die Pfälzer Artikel IV 2, 451 f. — Unterhandelt mit August II. IV 3, 6; macht in Petersburg neue Vorschläge wegen der polnischen Wahl 7 f.; in Dresden 9. 15; schließt einen Vertrag mit August II. 9. 14 f.; erlangt durch Seckendorf Zugeständnisse in Wien, namentlich in Betreff Mecklenburgs 11 ff. 40; sein Verhältniß zu der Republik Polen 16 f.; seine Stellung zu Seckendorff und dem kaiserlichen Hofe 21; unterhandelt mit Seckendorff in der Jülichschen Successionsfrage 23 ff. 28 ff.; der Abschluß des geheimen Vertrages (1728) 35—41; (Pragmatische Sanction 37 f.); sein Verhalten zum Kronprinzen 42 f. 105. IV 4, 397—401; die Mecklenburgische Sache IV 3, 48—53; von Hannover insultirt 56 f.; macht mobil 59; beruft die Minister-Conferenz 61; läßt marschiren 62; Entwurf zum Ausgleich 63; einigt sich 69 ff. 82—85; geht (1730) nach Dresden 77; giebt seine Einwilligung zur Verlobung seiner ältesten Tochter mit dem Prinzen von Wales 89 f. 95; empfängt den englischen Chevalier Hotham 89 f. 93 f.; lehnt dessen Anerbieten in Betreff des Kronprinzen ab 95 ff. 100; die Instruction für Degenfeld 96 f.; mit August II. im Lager bei Radewitz 98 f.; reist im Interesse des Kaisers ins Reich 104; der Fluchtversuch des Kronprinzen 105—108; cassirt das Urteil des Köpeniker Kriegsgerichts 111 f.; verurteilt Katte zum Tode 112; begnadigt den Kronprinzen 111. 113; lehnt die englische Heirath vollständig ab 117; erklärt seine Treue für den Kaiser 120; lehnt die Projecte Augusts II. ab 122 f. IV 4, 404 f.; mit dem Kronprinzen versöhnt 137 f.; Spannung mit August II. 140; die polnische Kriegsfrage 144 f.; vom Kaiser in der Jülichschen Sache betrogen 147 f.; lehnt die kaiserlichen Vorschläge ab 151; sein Werbe-Edict 154 f.; fordert die Salzburger auf nach Preußen zu kommen 156 f. 160; nimmt sie in Preußen auf 160 f.; kommt mit dem Kaiser in Kladrupp und Prag zusammen 162—167; nimmt Titel und Wappen von Ostfriesland an 173. 176 f.; unterhandelt den Löwenwolder Vertrag 179. 205; lehnt den Bergischen Vergleichungsplan ab 175. 180 f.; gegen August II. Souverainetätsgelüste in Polen 185 ff.; mit Holland im Streit wegen Werbungen ("Mastrichter Händel" 189 ff.; seine Stellung zu Polen nach August II. Tode 196—205; erbietet sich dem Kaiser mit 50,000 Mann gegen Frankreich zu Hilfe zu kommen 210 ff.; erhält vom Kaiser abschlägige Antwort 212; seine Unterredung mit dem französ. Gesandten wegen Stanislaus Wahl 215; läßt Mecklenburg besetzen 223 ff.; die Convention über das Hilfscorps zum Kriege gegen Frankreich 229; erkrankt 231; läßt in Regensburg seine Stimme für den Reichskrieg abgeben 232 f.; lehnt Stanislaus Anerbietungen ab 234; lehnt die von Mardefeld überbrachten russischen Anerbietungen ab 234—237; schickt dem Kaiser 10,000 Mann zu Hilfe 241 f.; nimmt selbst Theil an dem unglücklichen Feldzuge Eugens gegen die Franzosen (1734) 244 ff.; nimmt Stanislaus in Preußen auf 251 f.; erkrankt an der Wassersucht 253 f.; sein Hilfscorps in den Winterquartieren in Curköln 254 f.; weist die Anerbietungen Frankreichs zurück 257 f.; macht Friedensvorschläge 262 ff.; scheitert damit 264; schickt dem Kaiser Hilfe 264; seine Lage nach dem Wiener Frieden 278—287; (die species facti 282. IV 4, 434—463); gestattet den Holländern Unterhandlungen in der Jülichschen Frage 288 ff.; sein Recht in der Jülichschen Frage 291—293; lehnt den General-Congreß der vier Mächte zur Entscheidung der Jülichschen Frage ab 294 f.; lehnt Seckendorfs Aufforderung zur Theilnahme am Türkenkriege ab 298; macht Anerbietungen an Kurpfalz wegen Jülich-Berg 305 f.; erhält ablehnende Antwort 306; bietet dem Kaiser Geld 315; schlägt für Jülich-Düsseldorf bis zum Vergleich status quietus vor 319; lehnt die holländischen Auskunftsmittel ab 321 f.; unterhandelt mit Rußland wegen einer Allianz 326. 337; erhält von den vier Mächten identische Noten in der Jülichschen Sache 327 f.; seine Antwort darauf 329—332; rüstet 332; unterhandelt mit Cardinal Fleury in der Jülichschen Sache 340 f. 354. IV 4, 467—477; versucht eine Annäherung an England 342. 348 f.; schließt mit Frankreich einen Vergleich in der Jülichschen Sache 361—364; reist nach Preußen 384 f.; unterhandelt über eine Allianz mit Frankreich 389—394. IV 4, 467—481; unterhandelt wegen der Jülichschen Sache mit Baiern IV 3, 401; nähert sich wieder Östreich 402 ff.; die allgemeine Lage vor seinem Tode 405—408; sein Tod 408—410.

Rückblick auf seine Verwaltung 413—417; seine Sorge für das Landschulwesen 418—420; für Kunst und Wissenschaft 420 f.; für die Kirche 421 f.; für die Rechtspflege 422 f.; seine auswärtige Politik 424—428; — Zum Staatshaushalt unter ihm (die Etats von 1721—1722) IV 4, 482—509.

Friedrich Wilhelm von Mecklenburg-Schwerin IV 1, 88. 108 f.

Friedrichsödde, Festung III 2, 271. 307. 322. 330 f.

Friesack, Herren v., I, 21. 33. 42. 45. 250.

Friesendorf, schwedischer Gesandter, IV 2, 92. 94. 104. 121 f.

Frischmann, Johann, Publicist, III 2, 490. 504; Gesandter Mazarins 328 ff. 335 f.

Fritze, brandenburgischer Rath, III 1, 210.

Fromhold, brandenb. Rath, III 1, 192. 210.

Fronde in Frankreich, III 1, 236. 248. 256. III 2, 12 f.

Fuchs, Paul v., brandenb. Geheimerath, III 3, 512; nach dem Haag geschickt (1685) 524. 544; unterhandelt mit Bentink IV 1, 24; sein Bericht darüber IV 4, 214—217; für Wilhelm III. thätig IV 1, 30; gegen Danckelmann 119. 129; widerräth die Annahme der Königskrone 139; in Ungnade 164.

Fürstenberg, kaiserl. General, III 1, 73. 75. III 2, 24.

Fürstenberg, Wilhelm v., kölnischer Domherr, III 2, 264. 288. 301. 346. III 3, 9. 35. 110 f. 133. 139. 176; in französischem Auftrage in Berlin 220 f.; für Frankreich thätig 239. 241. 244. 248. 291; vom Kaiser gefangen genommen 308. 364; Bischof von Straßburg 510 f. 521; Coadjutor v. Cöln 561. IV 1, 8 f.; seine Wahl zum Kurfürsten in Cöln 23. — Sein Bruder

Fürstenberg, Franz Egon v., kölnischer Domherr, III 2, 264; Bischof von Straßburg III 3, 220. 239. 246. 290. 363 f.

Fürstenberg, Egon Anton v., Statthalter von Kursachsen, IV 4, 203.

G.

Gadebusch, Zusammenkunft zu (1675) III 3, 357; Schlacht bei (1712) IV 1, 270.

Galen, Bernhard, Bischof von Münster, III 2, 15. III 3, 62. 73 ff.; fällt in Holland ein 77 ff.; schließt den Frieden von Münster 94 f.; im französischen Interesse thätig 244. 279. 290; mit dem Kaiser 313. 344. 405; sein Tod 429.

Gallas, kaiserlicher General, III 1, 60; erobert fast ganz Pommern 127; von Banner zurückgedrängt 134; von Torstenson geschlagen 118. 203.

Gallas, kaiserlicher Gesandter in London, IV 1, 244.

Gartow, Herrschaft, III 3, 555. IV 1, 19.

Garz, Stadt in Pommern, II 1, 282. 315. 318. IV 2, 46.

Garz, Treffen bei (1630) III 1, 70.

Gastanaga, span. Statthalter, IV 1, 65 f.

Gaultier, französ. Prediger, III 3, 524. 564.

Gaumont, französ. Gesandter, III 3, 139. 147.

Gedicke, Domprobst in Berlin, II 2, 433. 436 f.

Geheimerath, der, v. Joachim Friedrich eingesetzt II 2, 393. III 1, 22; vom Gr. Kurfürsten reorganisirt 50.

Geldern, Herzogthum IV 1, 132. 263. IV 2, 27 f.

Geldrischer Vertrag (1713) IV 2, 31.

Gelnhausen, Zusammenkunft zu, II 2, 177. 179.

Gemmingen, Uriel v., Erzbischof v. Mainz, II 2, 56. 61.

Gendt v. Dieden, Obrist, III 1, 49.

General-Directorium, oberste Verwaltungsbehörde in Preußen, IV 2, 351.

Genneper Zoll, III 3, 64. 66. 78. 91 f.

Gent III 3, 411.

Georg von Baiern-Landshut, II 2, 343. 347. 350. 355. II 2, 16.

Georg von Braunschweig, Anhänger Gustav Adolphs, III 1, 65. 67. 77. 128. 164 f.

Georg v. Darmstadt, III 1, 67. 80. 87.

Georg I., König von England (als Kurprinz v. Hannover Georg Ludwig) IV 1, 103; Kurfürst 145; Reichsfeldmarschall 208 f. IV 2, 99; schließt eine Allianz mit Preußen 101 f.; mit dem Kaiser 177 f.;

Georg II. — Georg Wilhelm. 31

sucht die Russen aus Mecklenburg zu entfernen 181 f.; tritt in die Tripelallianz (1716) 186; seine materielle Verwaltung 191 f.; schließt die Quadrupelallianz 219. 226; die Wiener Allianz 247 ff.; unterhandelt mit Preußen (1719) 261 ff.; die Bubles in England 306; seine Besorgnisse vor Peter d. Gr. 336; besucht Friedrich Wilhelm I. in Berlin 316 f. 354 f.; schließt den Charlottenburger Vertrag 355; kommt in Hannover mit Friedrich Wilhelm I. zusammen 378; schließt mit ihm die hannöverische Allianz 379 f.; rüstet gegen Östreich-Spanien 428 f.; sein Tod 441. — Sein Sohn

Georg II., als Kronprinz IV 2, 186. 354; König von England 441.; sein Verhalten zu Preußen 442 f.; IV 3, 44; rüstet gegen Spanien IV 3, 46 f.; geht (1729) nach Hannover 47. 54 ff.; feindlich gegen Preußen 56; seine ungenügende Rüstung 61 f.; einigt sich 69 ff. 82 f.; unterhandelt mit Friedrich Wilhelm I. wegen der Doppelheirath 89 f. 93 f. 99 ff.; rüstet gegen Östreich 115 ff.; seine Forderungen an den Kaiser 124; schließt die zweite Wiener Allianz 127; seine Politik (1731) 131 f.; will den Krieg gegen Frankreich (1735) 265 f.; unterhandelt in Hannover mit dem Kaiser wegen Ostfriesland 299 ff.; erhält die „Vergleichs-Commission" in Ostfriesland übertragen 302; fordert den preußischen Gesandten (v. Borcke) in London zur Abreise auf 309; im Kriege mit Spanien 385 f.; der Krieg zur See 407; eilt nach Hannover 407.

Georg, Markgraf v. Franken, am Hofe Wladislaus' von Böhmen II 2, 58. 130; Herzog zu Jägerndorf 122 f. 135. 153. 197 f.

Georg v. Lüneburg, General im dreißigjähr. Kriege, III 1, 50.

Georg von Mecklenburg II 2, 236. 238 f. 240.

Georg, Herzog v. Sachsen, II 2, 55 f. 68. 82; gegen Luther 97 f. 105. 109. 112. 125. 131. 137. 159. 161 f. 174. 177. 199.

Georg Friedrich, Markgraf v. Franken, Herzog v. Jägerndorf, II 2, 197. 291. 305. 309. 381; Statthalter im Herzogthum Preußen 341. 396.

Georg Podiebrad von Kunstat, I, 429. 444; Regent v. Böhmen II 1, 85. 91. 105 f.; König von Böhmen 140. 374 f.; seine Verwaltung 145; verlobt seine Kinder 149. 157; strebt nach der römischen Königskrone (Parlament) 166 f.; vermittelt einen Waffenstillstand zwischen Kaiser Friedrich III. und dessen Bruder Albrecht v. Östreich 183; gegen Albrecht Achilles und Kurfürst Friedrich II. 193 ff. 198; unterhandelt mit Pius II. 197; kommt mit Casimir v. Polen in Glogau zusammen 198; gegen Pius II. 202; versöhnt 204; rettet Friedrich III. 203; im Bann 223 f.; beruft sich auf ein Concil 230; gegen Breslau 233; gegen Friedrich III. 236; gegen Mathias v. Ungarn 241. 243 f.; unterhandelt mit Karl dem Kühnen wegen Annahme der römischen Königskrone 254 f.; sein Tod 260.

Georg Wilhelm, Kurprinz, II 2, 428; in Cleve 431. 441. 445. III 1, 24; in Preußen II 2, 451; Kurfürst 452; vermählt mit Elisabeth Charlotte von der Pfalz III 1, 23; sein Character 24; Schwierigkeiten beim Regierungsantritt 25 f.; mit Preußen belehnt 27; läßt durch Bellin und Winterfeld mit Gustav Adolph unterhandeln 33 f. 37; seine Stellung zu Christian IV. v. Dänemark 35 f.; unterhandelt mit Bethlen Gabor 37; nähert sich dem Kaiser 38. 40 ff.; bietet dem Kaiser ein

Bündniß an 43. 46. 49; geht (1627) nach Preußen 46. 49; nimmt die Neutralität an 49; unterwirft sich dem Kaiser völlig 52; tritt in directe Unterhandlungen mit Pfalz-Neuburg 55; Düsseldorfer Vertrag 55; kommt mit Gustav Adolph in Fischhausen zusammen 58; kommt mit 400 Mann (1630) nach den Marken zurück 61. 364; sein Auftreten in Regensburg (1630) 66; verlangt (1630) von Gustav Adolph Neutralität 68; kommt mit Johann Georg v. Sachsen in Zabeltitz zusammen 69; von Gustav Adolph zu einem Bündniß gedrängt 68 ff.; in Leipzig 71; schließt einen Vertrag mit Gustav Adolph 72; seine Lage nach Gustav Adolphs Siegen 81; unterhandelt in Torgau mit Johann Georg v. Sachsen 82 f.; zieht selbständig gegen die Kaiserlichen 84; folgt der sächsischen Politik 88; flüchtet vor Wallenstein 92; unterhandelt nach dem Pirnaer Abschluß mit Oxenstjerna 101. 104; unterwirft sich dem Kaiser u. tritt dem Prager Frieden bei 105 ff.; flüchtet vor den siegreichen Schweden nach Peitz 115. 118 f.; erklärt den Schweden den Krieg 116; flüchtet nach Preußen 119. 131 f.; „Ihro kaiserlicher Majestät Generalissimus" 121; beansprucht nach dem Tode Bogislavs XIV. Pommern 123; stellt Feldregimenter auf 124. 130 f.; fordert den Kurprinzen auf, aus Holland zurückzukehren 126; wird vom Kaiser mit Pommern belehnt 129; schließt mit Polen den Köpeniker Vertrag 132. 139. 272; läßt sich mit Booth ein 139 f.; beruft einen Landtag in Preußen 148; sein Ausgang 152.

Georg Wilhelm von Hannover (Celle) III 3, 73. 250. 313. 405. IV 1, 10. 37. 49.

Geraischer Vertrag (1598) II 2, 381.

Gerhard von Oldenburg II 1, 296. 299.

Gerichtswesen im Reich II 1, 120.

Gersdorf, von, sächsischer Minister, III 3, 364. 607. IV 1, 25.

Gerson, Kanzler der Pariser Universität, I, 169. 266.

Genfer II 2, 301. 303. 331.

Gingen, Schlacht bei (1462) II 1, 200 f.

Ginkel van Reede, holländischer General, IV 3, 85. 162. 189 f. 327. 345.

Glogau, Fürstenthum, III 2, 77 f.

Glückstadter Zoll III 1, 56. 63. III 2, 319.

Gödelmann, Georg, II 2, 405. 474.

Görtz, Freiherr v., schwedischer Diplomat, in Holstein, IV 2, 44. 47. 55. 69. 75. 81 f. 93; will Bassewitz beseitigen 94; aus Preußen verwiesen 95; in Holland verhaftet 203; entlassen 204; in Groß-Ziethen und Lietzen bei Berlin 208 f. in Sachsen 209; in Aland 228.

Görtzke, von, brandenburg. General, III 2, 227. III 3, 201. 207. 331. 429. 432.

Görz, v., hessischer Kanzler, IV 1, 33.

Götz von Berlichingen II 2, 72.

Götze, Sigismund v., brandenburgischer Kanzler, III 1, 30. 37. 43. 45. 47. 62. 100. 121. 184. 192. III 2, 50.

Goes, Baron v., Bischof v. Gurk, III 3, 400. 582.

Goldacker, brandenb. Obrist, III 1, 149. 160 f. 163. 167 f.

Goldberg, Gefecht bei (1635) III 1, 115 f.

Goldene Bulle Karls IV. I, 119. 254. II 1, 17.

Golowkin, Iwan, russischer Diplomat, IV 2, 80 f. 113. 157 f. 210. 231. 311.

Goltz, brandenb. General, III 2, 276. III 3, 422.

Colombo, Gefecht bei (1656) III 2, 189.
Gonsiewsky, Schatzmeister v. Lithauen, III 2, 178. 194. 198. 211. 216. 220 ff. 236—453.
Gothischer Krieg II 2, 288—303.
Gotter, Baron v., preuß. Gesandter in Wien, IV 3, 171 ff. 281 ff. 313. 315.
Gottfried v. Leiningen, Kurfürst v. Mainz, I, 147. 152.
Gottorp, Herzog von, III 2, 309. III 3, 13. 354. IV 1, 22. IV 2, 14.
Gottorpische Frage IV 1, 34. 36. IV 2, 81.
Grammont, Herzog v., III 2, 264. 286.
Grana, Marquis v., kais. Commissar, III 3, 245 f. 278. 280.
Granson, Schlacht bei (1476) II 1, 307.
Granvella, Cardinal, II 2, 189. 253.
Gravel, Robert de, französischer Gesandter in Regensburg, III 2, 30. 35. 232. 291. 308.
Gravel, französ. Gesandter in Berlin, IV 1, 19. 31 f.
Gregor XI., Papst, seine Rückkehr nach Rom (1377) I, 134.
Gregor XII., Papst in Rom, I, 168.
Greetsiel, Stadt in Ostfriesland, III 3, 488.
Greifenclau, Richard v., Erzbischof v. Trier, II 2, 70. 73. 110.
Greifswald, III 3, 424.
Gremonville, französischer Gesandter, III 3, 137. 227. 249. 259. 267. 269 ff.
Grevenbroich, pfälzischer Gesandter, IV 1, 303. 305.
Grieben, Gebr., Banckiers Joachims II., II 2, 317. 319.
Griffenfeld, dänischer Großkanzler, III 3, 359. 371.
Grodno, Reichstag zu, IV 3, 16 f.
Gröben, v., General-Adjutant Friedr. Wilhelms I., IV 2, 153.

Grote, v., hannövrischer Gesandter, IV 1, 18 f. 84. 87.
Grubenhagensche Anwartschaft Brandenburgs II 2, 297. 315 f. 337.
Grumbach, Wilhelm v., II 2, 281. 283. 293 f. 295. 301.
Grumbkow, Otto von, preuß. Rath, III 3, 533 f. IV 1, 216. 230. IV 2, 9; Director des Generalkriegscommissariats IV 2, 24. 350. 353; im Streit mit Leopold v. Dessau 368; auf Seiten Seckendorffs 430 f. IV 3, 72. 87. 100. 137. 139. 184. 299. IV 4, 434 ff.; kommt mit August II. in Crossen zusammen IV 3, 186 f.; sein Bericht darüber IV 4, 408—415; räth zu der Antwort auf die identischen Noten der vier Mächte 329. — Seine Berichte über die Verhandlungen von 1709 und die Schlacht bei Malplaquet IV 4, 271—282.
Grusinski, poln. Gesandter, III 3, 417.
Guastalla, Schlacht bei (1734) IV 3, 243.
Guebriant, französischer Marschall, III 1, 145. 163. 186. 199.
Günther, Graf zu Schwarzburg, Kaiser I, 113.
Günther v. Schwarzburg, Erzbischof v. Magdeburg I, 211. 215.
Güstrow IV 1, 109.
Guerike, Otto v., brandenb. Resident in Hamburg, III 3, 361. 583.
Guisen, die, II 2, 280. 284. 331. 352. 354.
Gustav Adolph, König v. Schweden, II 2, 450; gegen Polen 451. III 1, 27; verlobt mit Marie Eleonore v. Brandenburg II 2, 451. III 1, 29. 260; in Berlin II 2, 452; seine Pläne gegen Ferdinand II. III 1, 33; besetzt Pillau (1624) 41; im Lager von Dirschau 44; sein Verhalten in Preußen 49. 53; unterhandelt mit Christian IV. 53; siegt bei Stuhm 56; schließt in Altmark

Waffenstillstand mit Polen 57 f.; kommt mit Georg Wilhelm in Fischhausen zusammen 58; in Zwist mit Dänemark 63; landet (1630) an der pommerschen Küste 63 f.; schließt einen Vertrag mit Bogislav XIV. 64; seine Fortschritte 69 f.; drängt Georg Wilhelm zu einem Bündnisse 68 f.; schlägt die Kaiserlichen bei Garz und Greifenhagen 70; schlägt Tilly 71; will Magdeburg retten 72; kommt nach Berlin 72; besetzt Spandau 74; drängt Kursachsen zu einem Bündniß 74 f.; siegt bei Breitenfeld 76; zieht bis München 77; strebt nach einer Reform der Reichsverfassung 77 ff.; beabsichtigt seine Tochter mit dem Kurprinzen von Brandenburg zu verheirathen 79; belagert Wallenstein vor Nürnberg 85; fällt bei Lützen 85. — Seine Politik 86.

Gustav Wasa II 2, 107. 116. 188. 282. 288.

Guy Dickens, englischer Hauptmann, Gesandter in Berlin IV 3, 99 ff. 130. 261. 309. 327. 349. 387.

Gyllenborg, schwedischer Gesandter in London, IV 2, 203. 373.

H.

Haager, Congreß (1625) III 1, 34. 36; Conferenzen (1675) III 3, 345; erstes Concert (1659) III 2, 325; zweites 334; Vertrag (1668) III 3, 145; (1676) III 3, 365.

Habenhausen, Vertrag zu (1666) III 3, 11.

Haddock, engl. Admiral, IV 3, 333.

Hadeln, Land, IV 1, 49. 104. 124.

Hagenau, Religionsgespräch zu (1540) II 2, 181.

Hagenbach, Peter v., II 1, 286. 288. 291.

Halberstadt, Bisthum, I, 217. II 1, 313. II 2, 213 f.; an Brandenburg III 2, 5.

Hallard, brandenburgischer General, III 3, 360. 362. 372. 422.

Halle, Universität III 3, 185. IV 1, 75.

Hallisches Bündniß (1533) II 2, 159. 161. 163. 174.

Hallischer Spruch (1441) II 1, 33. 368.

Hamburg II 2, 53; gegen Christian IV. v. Dänemark III 1. 63. 65; im Streit mit dem Gr. Kurfürsten III 3, 361. 455. 457.

Hamburg, Verhandlungen zu, von 1637 an III 1, 128. 140. 179; Conferenz zu (1683) III 3, 500.

Hamel Bruyninx, holländischer Gesandter in Wien, IV 3, 277.

Hamm, holländ. Resident in Berlin, IV 1, 56.

Hamm, Festung III 2, 93 f. 92. 124. 126.

Hamrath, von, preuß. Geheimerrath, IV 2, 9.

Hannart, Vicomte v. Lombecke, Rath Karls V., II 2, 110 f. 113 f. 119.

Hannöverscher Erbstreit (1665) III 3, 73 f. 77.

Hannöversche Allianz (1725) IV 2, 379 f. IV 4, 392—397.

Hans v. Sagan, II 1, 279. 311 ff. 315. 318. 320. 330.

Harcourt, Graf französ. General, III 2, 90. 93.

Harrach, Graf, Ferdinand Bonaventura, östreich. Oberhofmeister IV 1, 144. 158; — vielleicht Verfasser einer Denkschrift von (1705) IV 4, 248; die Denkschrift IV 4, 249—270.

Hattorf, hannöv. Secretair, IV 3, 60.

Hatzfeld, kaiserlicher General, III 1, 117. III 2, 31. 67. 271.

Haug v. Werdenberg II 1, 344. 346. 356.

Hauptleute (capitani) I, 36.

Hausberge, Gefecht bei (1679) III 3, 447.

Havelberg, Bisthum I, 217.

Havelberg, Zusammenkunft zu (1716) IV 2, 184 f.

Hedwig v. Polen, Gemahlin Joachims II., II 2, 162. 173. 317.
Heemskerk, holländ. Gesandter in Wien, IV 1, 84.
Heideck, Hans, II 2, 235. 237. 239.
Heideck, Georg, II 2, 235.
Heidelberger Union (1603) II 2, 396.
Heiden, Friedrich v., brandenb. Rath, III 1, 210.
Heilbronner Bund (1594) II 2, 366. 372; (1633) III 1, 88. 137.
Heimburg, Dr. Gregori, I, 415. 436. 442. II 1, 65 f. 68. 97. 154. 164. 167. 197. 242. 245 f. 370.
Heinrich v. Braunschweig II 2, 131. 159. 178. 180. 210. 236. 292.
Heinrich VII., König von England, II 2, 23.
Heinrich VIII., König von England, II 2, 83. 181. 188; — 458.
Heinrich, englischer Cardinal, I, 345; gegen die Hussiten 353. 360.
Heinrich II., König von Frankreich, II 2, 218; im Einverständniß mit Moritz v. Sachsen 242. 246. 248.
Heinrich III. von Anjou II 2, 331; König von Polen 333; König von Frankreich 331. 355.
Heinrich IV. v. Navarra II 2, 311. 314. 347; im Bann 348. 351 f. 354; König von Frankreich 356. 373. 395. 404. 414. 417; seine Pläne (1610) 420; sein Tod 421.
Heinrich von Glogau I, 321.
Heinrich von Glogau, Schwiegersohn von Albrecht Achilles, II 1, 278. 311.
Heinrich v. Lüneburg II 2, 70. 77. 81 f. 95. — 415.
Heinrich VII., Graf von Luxemburg, Kaiser I, 100; sein Tod 106; — 462.
Heinrich v. Mecklenburg II 2, 56 f. 132. 160. 199.
Heinrich v. Münsterberg II 1, 227. 211. 249. 251. 278. 313. 319.

Heinrich von Nassau II 2, 82. 84. 156.
Heinrich Julius von Braunschweig II 2, 419. 423.
Heinsius, holländ. Rathspensionair, IV 1, 260.
Helding, Michael, II 2, 222.
Henneberg, Berthold Graf v., I, 101. 106 f. 109. 462; gefürstet 112.
Henneberg, Berthold Graf v., Erzbischof von Mainz II 1, 342. 353. 356. 361. II 2, 7. 16; — 455.
Henniges, „v. Treffenfeld", brandenburgischer Obrist, III 3, 325. 330. 349. 420. 434 f.
Hermelin, Geheim-Secretair Karls XII., IV 1, 180.
Hermann, Landgraf von Hessen, Administrator von Cöln, II 1, 289. II 2, 209.
Herstall, oranische Herrschaft, IV 2, 63.
Hertefeld, Stephan von, II 2, 411. III 1, 47.
Heseler, Georg, Bischof von Passau, II 1, 302. 305. 307. 341.
Heusch, hannöv. Gesandter, IV 2, 106 f. 231.
Heyden, brandenb. General, IV 1, 85. 91. 105. 110. 165.
Hieronymus, Bischof von Brandenburg, II 2, 91.
Hildburghausen, Prinz von, IV 3, 400. 402 f.
Hildesheim III 3, 240 f. IV 1, 209.
Hildesheimer Allianz (1652) III 2, 63.
Hille, brandenb. Obrist, III 2, 447 f. 616.
Hocher, östreichischer Kanzler, III 3, 260. 344 f. 355. 402 f. 431.
Hochstädt, Schlacht bei (1703) IV 1, 173.
Hoe v. Hönneg II 2, 438.
Hoefyserfche Schuld II 2, 445. III 1, 48. 139. 147. 180. 244. III 3, 65—70. 76.

Höxter III 3, 240.
Hofgericht, kaiserliches, II 2, 15. 16.
Hogue, de la, Seeschlacht bei (1692) IV 1, 85.
Hohendorf, brandenb. Obrist, IV 3, 432.
Hohenlohe, Führer der Rheinbundstruppen (1663) III 3, 35 f.
Hohenzollern, Graf v., Präsident des Reichshofraths, II 2, 412. 417. 424.
Holmstadt, Gefecht bei (1676) III 3, 377.
Holzapfel, kaiserlicher General, III 1, 236. 240.
Hop, Cornelis von, Pensionair von Amsterdam, III 3, 564. IV 1, 41. IV 3, 190.
Horn, Georg von, schwed. General, III 1, 96.
Horn, Benedict v., schwed. General, III 3, 310. 418. 431.
Horn, Heinrich v., schwed. General, III 3, 431.
Horn, schwedischer Minister, IV 3, 373.
Hosier, engl. Admiral, IV 2, 427.
Hotham, Sir Charles, geht als Gesandter nach Berlin IV 3, 85. 89 f. 93 f. 99 ff. IV 4, 46 f.
Hoverbeck, brandenburgischer Resident in Warschau, III 1, 275. III 2, 142. 164. 426. 438 f. III 3, 121 f. 169 f. 314. 379. 391.
Hoymb, Graf, sächsischer Diplomat, IV 3, 68. 77 f.; Minister 115. 122. 139.
Hubertusfeier in Wusterhausen (1728) IV 3, 43. IV 4, 398—401.
Hülsen, v., brandenb. Obrist, III 3, 410.
Hugenotten II 2, 284 f. 292. 312. 346. III 3, 520. 529 ff.
Humières, französ. Marschall, IV 1, 45. 47.
Hundebeck, brandenburgischer Obrist-Lieutenant, III 2, 127. 129.
Hunyades, Johann, I, 454. II 1, 105. 123. 126. 140.

Hunyades, Matthias, s. Matthias.
Huß, Johann, I, 244 f.
Huß, Nicolaus, I, 287.
Hussiten — Ausbruch des Krieges gegen sie I, 277; Ursache derselben 337 f.; Krieg gegen sie 286 f. 292. 295; erster Kreuzzug gegen sie 292 f.; zweiter 296. 305; dritter 306; Zug gegen sie (1427) 345; ihre Zwistigkeiten unter einander 347; brechen in Deutschland ein 361. 365. 368. 388; einigen sich unter einander 375; die 4 Artikel 376; unterhandeln 377; erlassen Manifeste 379; verwüsten die Mark 388. 424; werden nach Basel geladen 384; in Basel 390. 393; kämpfen unter einander 393.
Hutten, Hans, II 2, 65.
Hutten, Ulrich v., II 2, 68. 70. 72. 86. 92. 107.
Hymmen, preuß. Gesandter im Haag, IV 1, 236.
Hyppolithus a Lapide III 2, 63. 473. III 3, 8.

J.

Jablonski, Hofprediger Friedrich Wilhelms I., IV 2, 232. 236.
Jacob, Markgraf von Baden, II 1, 58. 67.
Jacob v. Trier s. Sirk.
Jacob I., König von England, II 2, 443.
Jacob II., (s. auch York) König von England, III 3, 471. 520 f. 536 f.; entfremdet sich das englische Volk 549; begünstigt die Katholiken 562 f. 564 f. IV 1, 24; flüchtig 32; in Irland 39. 58; macht (1696) einen neuen Versuch nach England zu kommen 107.
Jacobaea von Baden, Herzogin von Jülich-Cleve, II 2, 367. 371. 374 f.
Jägerndorf, Herzogthum, II 2, 396. III 2, 273 f. 313. III 3, 27 f. 34. 40. 528. IV 1, 99.
Jagello, Wladislaus, v. Lithauen, I,

80; König von Polen 81; erhält Böhmen angeboten 293. 299; zum vierten Mal verheirathet 322; im Streit mit Witold 359.

Jagow, die von, I, 212.

Jagow, Matthias von, Bischof von Brandenburg, II 2, 185 f.

Jagujchinsky, russischer Diplomat, IV 2, 294. 298. 311. 315. 341. 376. IV 3, 263.

Jazco, Slavenhäuptling, I, 42. 44.

Jean de Fraisse, Bischof v. Bayonne, II 2, 244 ff. 253. 255.

Jeau, Friedrich von, brandenb. Rath, III 2, 221. 234. 313 f. 456. 459. III 3, 73 f. 92. 101 ff. 135. 242. 254.

Jena, Gottfried v., brandenb. Rath, III 3, 256. 473. 486. 552.

Jesuiten II 2, 209. 334. 344 361. III 1, 256.

Ilgen, Rüdiger v., preuß. Geheimerrath, IV 1, 50. 130; Cabinets- und Staatssecretair 130. 139. 187; räth zu einer Tripelallianz 191; seine Thätigkeit u. sein Charakter 202 f.; unterhandelt (1709) mit Sachsen u. Dänemark 212; unterh. mit Wellingt 265 f.; seine Denkschrift (1713) IV 2, 76 ff. VI 4, 309—317; gegen die hannöv. Allianz (1725) IV 2, 382 ff.; gegen die kaiserliche Allianz 436. 446; unterhandelt mit Seckendorf wegen der Jülichschen Successionsfrage IV 3, 23 ff. 33; sein Tod 33.

Innocenz XI., Papst, IV 1, 81. 154.

Innocenz XII., Papst, IV 1, 81.

Interim, Augsburger, II 2, 223 f.

Interim, Leipziger, II 2, 226.

Joachim I. Nestor, Kurfürst v. Brandenburg, übernimmt die Marken II 2, 30; vermählt mit Elisabeth v. Dänemark 31; sein Charakter 31 f.; gegen die Raubritter 33 f.; kirchliche Reformen 36; gründet die Universität Frankfurt 36; seine sogenannte Constitution 38; reformirt die Städte 39—41; reformirt die gutsherrlichen und bäuerlichen Verhältnisse 41—45; hält einen Landtag (1523) 45 f.; das Mißlingen seiner Reformen 47; seine Politik 48 ff.; gegen Lübeck 51 f.; bei Maximilian I. in den Niederlanden 69; verlobt seinen Sohn Joachim mit Renata von Frankreich 70; für die Wahl Franz I. 70 f. 73. 80; für die Wahl Karls V. 75; verlobt Joachim mit Katharina v. Spanien 75. 77. 82; sein Verhältniß zu Luther 90. 98. 102. 109. 111 f. 131; in Ungnade bei Karl V. 103; kommt in Wittenberg mit Friedrich dem Weisen zusammen 107 f.; sucht Verbindung mit Rom 126. 129; im Streit mit Pommern 105. 117. 119. 137. 146; unterstützt König Ferdinand 137; im Zwist mit seiner Gemahlin 136. 139 f.; sein Streit mit Nikolaus Minckwitz 142 f. 146; in Augsburg (1530) 152 f.; befördert die Wahl Ferdinands I. 155; wirbt für seinen Sohn Johann 155 f. 162; seine Absichten auf Dänemark u. Holstein 156 f. 462; verliert seinen Einfluß 157 f. 462; verpflichtet seine Söhne bei der alten Kirche zu bleiben 162; theilt sein Land 162. 200. 463; sein Tod 163.

Joachim II., Kurfürst von Brandenburg, verlobt II 2, 70. 75. 77. 80. 82; nimmt seine Schwester Anna aus dem Kloster 104; vermählt mit der Tochter Georgs v. Sachsen 125; tritt in Verbindung mit Luther 160; zum zweiten Mal vermählt mit Hedwig v. Polen 162. 173; Kurfürst 162. 173; veranlaßt einen Familientag des Hauses Brandenburg 174. 463; in Zeitz 175; vermittelt den Frankfurter „Anstand" 176 f.; seine kirchliche Richtung 183; nimmt in Spandau das Abendmahl unter beiderlei Gestalt 186; seine Kirchenordnung 186 f.; sucht zwischen den

Religions-Parteien zu vermitteln 191 f. 326. 328; schließt sich an Karl V. an 193; oberster Feldhauptmann gegen die Türken 195 f. 464; seine Finanzen 198 ff. 316. 465; Zugeständnisse an die Stände 201; schließt mit Friedr. v. Liegnitz (1536) eine Erbverbrüderung 206 f. 463; gegen die Schmalkaldener 210; sucht zwischen Karl V. u. Johann Friedrich v. Sachsen zu vermitteln 215 f.; mit Moritz verbunden 216; seine Unterthänigkeit unter Karl V. 217; sein Verhalten zum Augsburger Reichstag (1547) 220; selbst in Augsburg 221; versucht in den Marken das Augsburger Interim einzuführen 225 f.; unterhandelt mit Moritz von Sachsen 226; gegen Magdeburg 238; bemüht Philipp v. Hessen zu befreien 246; sucht die Mitbelehnung in Preußen zu erlangen 279. 290; erhält sie 291. 469; seine Stellung zur Augustana 285 f.; zum Tridentiner Concil 286 f.; vermittelt zwischen Schweden und Polen 292; erlangt die Huldigung in Preußen 306. 308; unterhandelt mit Polen (1570) 314 f.; sein Tod 316.

Joachim Friedrich, Kurfürst v. Brandenburg, Sohn Johann Georgs, Administrator v. Magdeburg II 2, 343. 345 f. 351. 354; im Zwiespalt mit seinem Vater 375 ff.; seine Hinneigung zum Calvinismus 382 f.; kirchliche Reformen 384; seine Macht 386 f.; seine Polizei und Landesconstitution 389; Landtag von (1602) 391 f.; seine Ansprüche auf Jägerndorf, Preußen 396 f.; nähert sich der antispanischen Partei 398 f.; erhält das Curatorium in Preußen 399; sein Verhalten zur Union 409; sein Tod 409.

Joachim Ernst, Herzog von Anspach, II 2, 381. 398. 419. 450. III 1, 27.

Joachim Sigismund, Sohn Johann Sigismunds v. Brandenburg, Statthalter in den Marken III 1, 23 f. 45 f. 48. 84. 114. 118. 120. 138.

Johann II., Burggraf zu Nürnberg, I, 112; mit Karl IV. nach Rom 127; Zerwürfniß mit Karl IV. 126.

Johann III., Burggraf zu Nürnberg, I, 117; seine Gemahlin Karls IV. Tochter 127; in der Schlacht von Nicopolis 151; hält zu Kaiser Wenzel 155; verläßt ihn 160; bei Sigismunds Wahl 197; zur Krönung Sigismunds 228.

Johann, Markgraf, ältester Sohn des Kurfürsten Friedrichs I., I, 294. 333; erhält in Rathenow die Regierung in der Mark 334. 344. 361. 365. 368; seine Verwaltung 423. II 1, 25; erhält das obere Gebiet von Franken I, 42. II 1, 26. 28. 127. 160. 214.

Johann (Cicero), Kurfürst v. Brandenburg, ältester Sohn von Albrecht Achilles II 1, 139; geht mit Friedrich II. nach den Marken 235. 240. 336; führt mit Sesselmann die Regierung daselbst 282. 284; vermählt (236). 312. 336; gegen Hans von Sagan 313. 330; gegen Pommern 316; folgt seinem Vater in der Mark 363; sein Charakter 365 f.; sein Tod 366. II 2, 30; — 380.

Johann von Küstrin, zweiter Sohn Joachims I., II 2, 125. 152. 155. 162; erhält sein Erbe 162. 174; im Bund der Evangelischen 175. 185. 210; mit Karl V. 235. 238 ff.; in Zwiespalt mit Moritz v. Sachsen 245; macht die brandenb. Rechte auf Schleswig-Holstein bei Dänemark geltend 297 ff. 469; auf Seite Grumbachs 298 f. 302 f.; Philipps II. Rath „von Haus aus" 312; seine Verwaltung 320; sein Tod 316.

Johann, Sohn des Markgrafen Friedrich v. Franken, Vicekönig v. Spanien II 2, 64 f. 52.

Johann v. Baden, II 1, 126; Kurfürst v. Trier 131.

Johann von Dänemark, Sohn Christians I., II 2, 49. 51. 56.

Johann von Finnland, II 2, 289; König v. Schweden 304.

Johann v. Görlitz, Karls IV. Sohn, I. 134; Statthalter der Mark I, 73. 75. 189; für Kaiser Wenzel 145.

Johann v. Kurland, III 2, 168.

Johann von Luxenburg, König von Böhmen I, 106; fällt bei Crecy 111.

Johann v. Mainz I, 232. 238. 258. 289.

Johann v. Nassau, Kurfürst v. Mainz, I, 147. 153. 168; Vasall v. Frankreich 170; gegen Sigismund 189. 197. 227.

Johann, Pfalzgraf in der Oberpfalz, I, 228.

Johann, Herzog v. Östreich, Parricida, I. 100.

Johann v. Sachsen, Bruder Friedrichs des Weisen, II 2, 82. 115; Kurfürst 130; rüstet gegen die Dessauer Verbündeten 138; nimmt Elisabeth v. Brandenburg auf 140.

Johann der Unerschrockene, Herzog v. Burgund I, 171. 272. 278.

Johann XXII., Papst, I, 108.

Johann XXIII., Balthasar (Cossa), Papst, I, 170. 225; in Constanz 223 ff.; verläßt dieses 234. 236; abgesetzt u. nach Heidelberg gebracht 244. 258. 287.

Johann der Alchymist) I, 204.

Johann Albrecht v. Mecklenburg II 2, 235 f. 239. 245. 283. 296.

Johann Casimir von der Pfalz II 2, 308. 335. 344. 346. 348.

Johann Casimir, König von Polen, III 2, 144; sein Character 146; soll abgesetzt werden 154; giebt Warschau auf 158; flüchtet nach Schlesien 168; kehrt zurück 178. 187. 192; flieht nach der Schlacht bei Warschau 205 f.; rückt wieder vor 228 f.; zieht in Danzig ein 231; verläßt dasselbe 239; schließt mit dem Gr. Kurfürsten den Wehlauer Vertrag 257 f.; kommt mit ihm in Bromberg zusammen und schließt mit ihm den Bromberger Vertrag 257 f.; Intriguen über die Wahl seines Nachfolgers III 3, 114. 118. 128; soll abdiciren 118 f. 127. 147.; dankt ab 162.

Johann Ernst von Weimar III 1, 39. f. Ernst.

Johann Corvinus II 1, 364.

Johann Friedrich, Kurfürst v. Sachsen, Neffe Friedr. des Weisen, II 2, 82. 158. 174. 180. 208. 210; im Schmalkaldener Kriege 213—217; bei Mühlberg gefangen genommen 216.

Johann Friedrich der Mittlere von Gotha II 2, 294. 296. 300 f. 302.

Johann Friedrich, Herzog v. Hannover, III 3, 73. 163. 240. 315. 335. 405.

Johann Georg, Kurfürst v. Brandenburg, Sohn Joachims II., verlobt II 2, 206; in Augsburg (1547) 220; Kurfürst 320; begünstigt den Adel 321 f.; giebt eine neue strenglutherische Kirchenordnung 324—330. 343; bemüht für Rudolph II. Wahl 336 f.; seine Verwaltung 342; zum zweiten Male vermählt 342; gegen die heilige Liga 349 ff.; sein Verhältniß zu Kaiser u. Reich 356. 372; seine Stellung in der Jülichschen Frage 372; in Zwiespalt mit Joachim Friedr. 375 ff.; sein Testament 376; sein Tod 378.

Johann Georg, Sohn Joachim Friedrichs, Markgraf v. Jägerndorf, Administrator von Straßburg II 2, 369 f. 381. 396. 429; reformirt 433 f. 439; gegen Ferdinand II. 450.ª III 1, 28.

Johann Georg I., Bruder Christians II. von Sachsen, sein Verhalten in der Jülichschen Frage II 2, 405.

415. 432 f. 443. 448; Kurfürst 426; besetzt die Lausitz III 1, 27; gegen die Evangelischen 27 f.; unterhandelt mit Gustav Adolph u. Tilly 74 ff.; in Torgau mit Brandenburg 83; sucht sich dem schwed. Bündniß zu entziehen 87 f.; schließt Waffenstillstand mit Wallenstein 88 f.; unterhandelt mit dem Kaiser in Leitmeritz 95; schließt den Prager Frieden 99; erklärt den Schweden den Krieg 115; von den Schweden geschlagen 115 f. 118; läßt die Mark verwüsten 154; kommt mit dem Gr. Kurfürsten zusammen III 2, 16 f.

Johann Georg II., Kurfürst v. Sachsen, kommt mit dem Gr. Kurfürsten in Torgau zusammen III 3, 37 f.; schließt sich an Frankreich u. Östreich an 41; kommt mit dem Gr. Kurfürsten in Zinna zusammen 135; in Potsdam (1672) 256.

Johann Georg III., Kurfürst von Sachsen, III 3, 492; gegen die Türken vor Wien (1683) 504; seine Machterweiterung IV 1, 10; schließt ein Bündniß mit Friedrich III. von Brandenburg 22; beansprucht Lauenburg 49; sein Tod 83.

Johann Georg IV., Kurfürst von Sachsen, IV 1, 10; kommt mit Friedrich III. von Brandenburg in Torgau und Berlin zusammen 83; zieht seine Truppen vom Rhein zurück 84; sein Tod 103.

Johann Georg von Anhalt III 3, 258 ff. 264. 268. 349. 359. 502 f. 540.

Johann Moritz, Statthalter in Cleve, III 2, 10. s. Moritz v. Nassau.

Johann Philipp v. Schönborn, Kurfürst v. Mainz, III 2, 63. 81. 150. 266. 283. III 3, 53. 164. 215 f. 225. 257. 299.

Johann Sigismund, Sohn Joachim Friedrichs, Kurfürst v. Brandenb., in Franken II 2, 366; vermählt 367. 369 f.; in Heidelberg 398; sein Charakter 409; erlangt die Curatel über Preußen 410 f., läßt Jülich-Cleve besetzen 411. 415; rüstet wegen Jülich 423; verhandelt mit Sachsen wegen Jülich 425 f. 432. 443. 448; im Streit mit Wolfgang Wilhelm von Pfalz-Neuburg 430; tritt zur reformirten Kirche über 434 f.; deshalb angefeindet 439 f.; bittet die Union vergeblich um Hilfe 444. 446; tritt aus der Union aus 446; erlangt Preußen 451; sein Tod 452; — seine Kriegsmittel III, 1, 23.

Johann Sigismund v. Siebenbürgen, II 2, 299. 302.

Johann Wilhelm, Herzog v. Jülich-Cleve, II 2, 367. 371. 403. 411.

Johann Wilhelm, Kurfürst von der Pfalz, IV 1, 103.

Johann Wilhelm v. Weimar II 2, 283 f. 332.

Johanna v. Spanien, Mutter Karls V., II 2, 66.

Johannes (parvus) I, 171.

Johannisberg, Zusammenkunft zu (1698) IV 1, 132.

Joseph I., zum römischen König gewählt IV 1, 60; gegen Preußen 174 f. 206; Kaiser 193; sein Tod 235.

Joseph Clemens, Bruder Max Emanuels v. Baiern, zum Kurfürst von Cöln gewählt IV 1, 23; auf Seiten Frankreichs 128; in der Acht 182.

Jost v. Mähren, Pfandherr der Mark I, 73 ff. 134; bewirbt sich um die Kaiserkrone 141; sein Herrenbund 145; gefangen 146; gegen Kaiser Wenzel 155; Vertrag mit ihm 160; von Sigismund gefährdet 163 ff.; sucht die deutsche Krone 188 ff.; gewählt 191; sein Tod 192.

Isabeau v. Baiern, Gemahlin Karls VI. v. Frankreich, I, 150. 163. 171. 260. 272. 278.

Julian Cesarini, Cardinal von St. Angelo, I, 373 f.; gegen die Hussiten

Jülich-Berg.— Karl V.

(1377) 377. 379 f. 382; in Basel 386. 416. II 1, 52.
Jülich-Berg, Herzöge v., II 1, 300. II 2, 55; Jülich-Berg an Cleve 56.
Jülich-Cleve II 2, 180. 332. 367. III 1, 98 f.
Jülichsche Frage II 2, 367 f. 371. 403 ff. 411. 425. 430. 441. 448. III 1, 48 f.; Düsseldorfer Provisionalvertrag (1629) III 1, 55. 222. 224 f. III 2, 14 f.; Einrücken des Gr. Kurfürsten in Jülich-Berg 20 f. 26 f.; der Vergleich v. (1651) 39 f.; der „beständige Erbvergleich" (1666) 381. III 3, 88 f. 116. — Die Erbfrage in Jülich-Berg IV 2, 419. 422. 447. 451 ff. IV 3, 10 f. 23 ff. 28 ff. 147. 175. 180 f. 258 f. 305 ff. 327—331. 361 ff. IV 4, 467—477; Uebersicht über die gesammte Frage IV 3, 24 ff. 291 ff.
Julius III., Papst, II 2, 228.
Julius v. Braunschweig, II 2, 308. 311. 315. 331. 345.
Jürgen Wullenweber II 2, 156 f.
Jüterbock, Zusammenkunft zu, II 2, 226. 229; Verhandlungen zu (1611) II 2, 425 f.
Iwan III. von Rußland II 2, 50. 60 f.

K.

Kaiserlingk, Graf, preuß. Gesandter, IV 1, 219.
Kaiserswerth IV 1, 44 f. 161.
Kalkstein, Albrecht v., General, III 2, 165; sein Character 393; heimlich in Warschau 398; erregt Unruhen gegen den Gr. Kurfürsten 398 f. 408; vom Landtag verwiesen 409. — Seine Söhne:
Kalkstein, Christian Ludwig v., Obrist, III 2, 166. 384 f.; sein Character 393. III 3, 195; dient bei den Polen III 2, 453; beabsichtigt eine Invasion in Preußen 454. — 516; wegen Verbrechen verurteilt III 3, 195; flieht nach Polen 197; vom polnischen Hofe und aus der polnischen Armee verwiesen 198; erscheint vor dem polnischen Reichstage 200; seine Auslieferung gefordert 201; in Warschau von Brandt gefangen genommen 203. 207; vor eine Commission gestellt 207 ff.; seine Bekenntnisse auf der Folter 209; hingerichtet 210 f.; — 594.
Kalkstein, Christian Albrecht v., III 2, 406. 517. III 3, 195.
Kamecke, die, I, 81.
Kamecke, preuß. Geheimerath, IV 1 231; Präsident des General-Finanz-Directoriums IV 2, 24.
Kammergericht im Reich II 2, 12. 14. 95. 115. 150. 177. 233. 261. 355.
Kammergericht in Berlin, gegründet II 2, 37 f. 46; — 457.
Kanneberg, brandenburgischer General, III 2, 176. 275.
Karl IV., Kaiser, I, 111; im Besitz Brandenburgs I, 20. 70. 75; Landbuch v. (1375) 51; sein Regiment 114; seine Rechtspolitik 117; seine Luxenburgische Politik 131; Erbvertrag mit Oestreich 131; die Wahl Wenzels 133; vertheilt seine Lande 134; giebt Italien und Burgund auf 151.
Karl V. II 1, 363. II 2, 62; verlobt mit der Tochter Franz I. 66; geht nach Spanien 69; seine Wahl zum Kaiser 70—76. 79. 85—89. 459; seine Politik 93. 103. 149 f.; in Worms (1521) 98. 102; Verfahren gegen Joachim I. 104; siegt über Franz I. (1524) in Italien 115; sein Character 124; siegt bei Pavia 126; schließt den Frieden zu Madrid 131; im zweiten Krieg gegen Franz I. 134. 147; zum Kaiser gekrönt 147; schließt einen Vertrag mit Christian II. v. Dänemark 150; in Augsburg (1530) 151 f.; sein Verhältniß zum Papst 171; zu den Evangelischen 171 f.; in Afrika und

im dritten Kriege gegen Franz I. 172; nähert sich den Evangelischen 190; im vierten Kriege mit Franz I. 205 f.; unterwirft Wilhelm v. Cleve 208; zieht gegen den Schmalkaldner Bund 210 ff.; nimmt Johann Friedrich von Sachsen und Philipp von Hessen gefangen 216 f.; treibt in Deutschland Contributionen ein 219; beabsichtigt eine Reform des Reichs 218 f. 233; versucht die Wahl Philipps II. durchzusetzen 228. 230. 256; überträgt Moritz v. Sachsen die Ausführung der Acht gegen Magdeburg 236 f.; im Krieg mit Moritz v. Sachsen 248 f.; die Capitulation von Passau 252; legt die Kaiserkrone nieder 258.

Karl VI., Kaiser, III 3, 491; seine Wahl IV 1, 242; lehnt den Utrechter Frieden ab IV 2, 33; führt den Krieg weiter 34 ff.; will Preußen zur Theilnahme daran bewegen 36 ff.; veranlaßt das Reich zur Theilnahme 39 f.; von Villars geschlagen 65; ungehalten auf Preußen wegen des Schwedter Vertrages 72 f.; schließt mit Frankreich den Frieden zu Rastatt 86 f.; sein Verhalten zu Preußen in der Nordischen Frage 127. 139; rüstet zum Türkenkriege 136. 139 f. 151 f.; schließt eine Allianz mit Georg I. 177; seine materielle Lage 190; erläßt ein Executionsmandat gegen Mecklenburg 213; ein Decret gegen Preußen wegen der Lehen 214; tritt in die Quadrupelallianz 219. 236; schließt mit den Türken den Frieden zu Passarowitz 227; schließt die Wiener Allianz 247 f. IV 4, 371—377; bedrückt die Evangelischen IV 2, 256 ff.; seine Macht 323 ff.; begünstigt Hannover 329; drückt Preußen 328 ff.; sucht sich demselben wieder zu nähern 333 f.; privilegirt die Ostender Handelscompagnie 337; drückt Preußen von neuem 338 f.; erläßt die Pragmatische Sanction 342 f.; versöhnt sich mit Preußen 346; von neuem in Zwiespalt mit demselben 358 f.; schließt sich an Spanien an 360; schließt eine Allianz mit demselben 366; tritt der Stockholmer Allianz bei 403; nähert sich Preußen wieder 412 f.; schickt Seckendorf nach Berlin 414; schließt mit Friedrich Wilhelm I. den Wusterhausener Vertrag 424; sucht den Reichskrieg gegen England-Frankreich zu Stande zu bringen 434; nimmt das von England-Frankreich gestellte Ultimatum an 440; garantirt Pfalz-Sulzbach die Nachfolge in Jülich-Berg 452; unterhandelt mit Preußen über diese Frage IV 3, 23; die spanische Heirath 28; schließt mit Preußen den Vertrag über die Pragmatische Sanction 35 ff.; rüstet gegen die Bourbons 76. 103. 116 f.; schließt mit England die zweite Wiener Allianz 127; erlangt vom Reich die Garantie der Pragmatischen Sanction 140 f.; schickt dem Erzbischof Firmian v. Salzburg Truppen zu Hilfe 156; mißbilligt das Verfahren desselben 159; kommt mit Friedrich Wilhelm I. in Kladrupp und Prag zusammen 162—167; seine Stellung zu Polen nach Augusts II. Tode 194 f.; begünstigt August III. 214; rüstet gegen Frankreich 215 f.; bewegt das Reich zur Theilnahme am Kriege 232 f.; von den Franzosen geschlagen 240. 244. 265. 267; schließt mit Frankreich den Wiener Frieden 270. 273 ff.; schließt sich eng an Frankreich an 277. 338; erbittert gegen Preußen 281 f.; rüstet zum Türkenkriege (1736) 296 f. 311; macht Anträge bei Frankreich in der Jülichschen Sache 311 f.; wird von den Türken geschlagen (1737) 322 f. (1738) 353. 372; neue Rüstungen 377; neue Demüthigungen 378 f.; schließt den Frieden zu Belgrad 380 f.; schließt einen

Vertrag mit Frankreich wegen der Jülich'schen Sache 382 f.; seine üble Lage nach den Türkenkriegen 399 f.; versucht sich Preußen wieder zu nähern 402 ff.

Karl I., König v. England, III 1, 141 f. 185. 248.

Karl II., König v. England, III 1, 256. III 2, 9. 11. 22. 37. 40. 94 f. 148; schließt eine Allianz mit Brandenburg III 3, 14. 19; sein Verhalten zu Holland 17. 21; seine Regierung 20. 24; vermählt 17. 21; nähert sich Frankreich 21 f.; im Kriege mit den Staaten und Frankreich 105 f.; tritt mit Frankreich in geheime Unterhandlungen 126; schließt den Frieden zu Aachen 151; trifft mit Ludwig XIV. geheime Verabredungen 217; greift (1672) die Staaten an 248; seine Forderungen an dieselben 298; zieht sich vom Kriege zurück 370; begünstigt Frankreich 386; will den Frieden erzwingen 411; tritt wieder auf Seite Ludwigs XIV. 412; sein Tod 520.

Karl VI., König v. Frankreich, I, 150.

Karl VII., König v. Frankreich, II 1, 51. 54. 74.

Karl IX., König v. Frankreich, II 2, 284. 333.

Karl IX., König v. Schweden, II 2, 394. 398. 401.

Karl XI., König v. Schweden, mündig III 3, 296; verlobt 353; im Kriege mit Brandenburg 371; will in Preußen einmarschiren lassen 410. 418; rüstet für den Feldzug von (1678) 419; läßt in Preußen einmarschiren 432 ff.; schließt eine Allianz mit Brandenburg (1685) 529; tritt für den Herzog v. Gottorp ein IV 1, 34; schließt sich der Liga der Evangelischen an 36.

Karl XII., König von Schweden, IV 1, 134; wirft sich auf Dänemark 141; geht nach Reval über 151; besetzt Polen 161 f.; schlägt Schulenburg bei Punitz 182; läßt in Polen Stanislaus Leszcinski wählen 180; krönen 184; macht Brandenburg Anträge 185; verfolgt Peter d. Gr. bis Wolhynien 1894 bricht nach Sachsen durch 192 ff.; zwingt August II. zum Altranstädter Frieden 195; sorgt für die Schlesischen Protestanten 198; bei Pultawa geschlagen 201; in der Türkei 219. 222. IV 2, 43. 52. 89 f.; in Stralsund 102. 131; verwirft die Verträge mit Preußen 104; unterhandelt mit Preußen 107 ff.; läßt Wolgast besetzen 114; läßt Usedom besetzen 120 f.; wird bei Fehmarn geschlagen 124; auf Rügen geschlagen 142 f.; flieht aus Stralsund 145; sucht den Frieden 172 f. 175; fällt vor Friedrichshall 250.

Karl II., König von Spanien, III 3, 521. IV 1, 134; sein Tod und Testament 151.

Karl v. Bourbon II 2, 115.

Karl der Kühne, Herzog v. Burgund, seine Aussicht auf die römische Königskrone II 1, 235. 252. 254 ff.; seine Ziele 253 f.; kommt mit Kaiser Friedrich III. in Trier zusammen 287 f.; zieht gegen Cöln 292—301; unterhandelt mit Albrecht Achill und Albrecht v. Sachsen 298; Friede mit dem Reich 301 f.; gegen Lothringen 306; gegen die Schweizer 306 f.; bei Granson und Murten geschlagen 307; verlobt seine Tochter Marie mit Maximilian v. Östreich 307; fällt vor Nancy 308.

Karl v. Geldern II 2, 69. 81. 180.

Karl, Landgraf v. Hessen, IV 1, 21 f. IV 2, 112.

Karl, Herzog v. Lothringen, II 2, 280. 283. 352. 356. 374. 396; durch Richelieu seines Landes beraubt III 1, 90. 96. III 2, 25. 72. 90 f. 101 f. III 3, 60. 164. 215. 320. 326.

Karl, Markgraf zu Schwedt, IV 2, 347. IV 3, 5.

Karl Albert, Kurfürst von Baiern, IV 2, 437; sucht Verbindung mit Preußen IV 3, 401.

Karl Edzard, Fürst v. Ostfriesland, IV 3, 291.

Karl Emil, ältester Sohn des Gr. Kurfürsten, soll König v. Polen werden III 3, 315; im Feldlager im Elsaß 325; sein Tod 327; — 540.

Karl Friedrich von Gottorp IV 2, 44; auf Seite Schwedens 93 f.

Karl Gustav von Pfalz-Zweibrücken III 1, 239; Generalissimus der Schweden 241; **König von Schweden** 250. III 2, 6. 138; seine Ansprüche auf Jülich 131. 138; sucht des Gr. Kurfürsten Bundesgenossenschaft 141; bietet Polen ewigen Frieden 147; nähert sich Brandenburg wieder 149. 153; zieht gegen Polen (1655) 153 ff.; in Pommern 155 f.; unterhandelt mit Schwerin in Stettin und Fürstenau 156 ff.; dringt bis Warschau und Krakau vor 160; nimmt Krakau 168; wendet sich nach Preußen 176 f.; unterhandelt mit dem Gr. Kurfürsten 177 f.; schließt mit ihm den Vertrag zu Königsberg 179 f.; eilt von neuem gegen Polen (1656) 188; wird zurückgedrängt 189; sein Plan einer Theilung Polens 190; unterhandelt von neuem mit dem Gr. Kurfürsten 191 f.; schließt mit ihm den Marienburger Vertrag 195 f.; geht wieder vor 197; Schlacht bei Warschau 201—206; in Südpolen 209 f.; beabsichtigt einen Angriff auf Danzig 211; unterhandelt mit dem Gr. Kurfürsten wegen der Souverainetät in Preußen 221 f. 223 f.; schließt mit ihm den Vertrag von Labiau 231; seine weiteren Pläne 234; geht von neuem gegen Polen vor 240 f.; bis Brzesć 247; geht zurück 248; geht nach Schweden zurück 249; unterhandelt mit England 250; schlägt die Dänen 271. 275; dringt bis Kopenhagen vor 277; fordert von Brandenburg den Durchmarsch nach Polen 293; greift Dänemark zum zweiten Male an 304 f.; in der Seeschlacht im Sunde geschlagen 308; seine Kriegführung 320 f.; stürmt vergeblich Kopenhagen 321 f.; unterhandelt durch Holländer und Engländer mit Dänemark 340 ff.; seine Truppen bei Nyborg geschlagen 348; läßt in Oliva unterhandeln 353 f.; sein Tod 357.

Karl (Leopold) v. Lothringen III 3, 164 f. 215. 393. 403. 525.

Karl Leopold v. Mecklenburg IV 2, 123. 151. 213. 226 252 f. 267. 286. IV 3, 12. 26. 49. 97. 125. 219. 221.

Karl Ludwig v. d. Pfalz, Sohn Friedrichs V., III 1, 126. 135. 137. 237; Kurfürst 245; verheirathet seine Tochter mit dem Herzog v. Orleans III 3, 239 f.

Karl Philipp v. Pfalz-Neuburg (vermählt mit Louise Radzivil IV 1, 20). IV 2, 255. IV 3, 27. 293. 306.

Karl Theodor von Pfalz-Sulzbach IV 3, 293. 305.

Karlsburg III 3, 361 f.

Katharina, Schwester Karls V., II 2, 71. 75. 82 f. 91. 111; — 459.

Katharina, Königin v. Schweden, Tochter Sigismunds II. v. Polen, III 2, 331. 344. 353.

Katharina, Tochter Johann Sigismunds v. Brandenburg, vermählt mit Bethlen-Gabor III 1, 35. 37.

Katharina I., Kaiserin v. Rußland, IV 2, 363; fordert Friedrich Wilhelm I. zu einer Verbindung gegen Polen auf 364; schließt mit ihm einen Vertrag (1726) 410 f.; erbittert gegen Schweden 437; ihr Tod 440.

Katte, Lieutenant v., IV 3, 102; betreibt die Vorbereitungen für die Flucht des Kronprinzen Friedrich 107; gefangen und verhört 109; vom Kriegsgericht zu Köpenick zu ewiger Festungshaft verurteilt 110; auf Befehl des Königs hingerichtet 112.

Kaunitz, Reichsvicekanzler, IV 1, 135. 143 f. 155. IV 2, 302.

Kehrberg, brandenburgischer Obrist, III 1, 130. 133.

Keith, Lieutenant von, IV 3, 10 f. 105. 110. — Sein Bruder, königlicher Page IV 3, 107.

Kessel, Land van, IV 2, 28. 62.

Kettler, Gotthard, III 2, 288.

Kinsky, Graf, östreichischer Diplomat, III 3, 400. IV 1, 92. 96. IV 2, 311 f. 328. IV 3, 29. 116. 118.

Kjöger Bucht, Seeschlacht in der 1677) III 3, 392.

Kirchenordnung in der Mark II 2, 156 ff.

Kittelmann, brandenburg. Amtsrath, III 2, 268 f. 272 f. 502.

Kléement, Johann Michael v., diplomatischer Agent, seine Enthüllungen am Berliner Hofe IV 2, 232 ff. 235 ff.; seine Geständnisse 245.

Klehsl, Cardinal, II 2, 408. 431. 437. 448.

Kleist, Ewald v., brandenburg. Gesandter, III 1, 192; in Holland 217. 235 f. III 2, 52. 217. 223. 247. 255. III 3, 268.

Klinkowström, schwedischer Gesandter in Berlin, IV 3, 83 f.

Klitzing, Albert, Gesandter, von Albrecht Achilles nach Dänemark geschickt II 1, 280 f. 284. 290; nach Burgund 298.

Klitzing, sächsischer und brandenburgischer General, III 1, 118. 127. 130. 132 f. 149. 273.

Knesebeck, Thomas von, II 2, 351. 434.

Knesebeck, Levin v., III 1, 31. 41. 18. 58. 262. 269.

Knesebeck, Hempo v., III 1, 277. 279.

Knorr, Peter, II 1, 97. 107. 133. 231.

Köln s. Cöln.

Königsberg, Vertrag zu (1656) III 2, 179 f.

Königseck, Graf, Reichsvicekanzler, III 3, 268. 403. IV 1, 64. 92. 96. 98.

Königsegg, östreich. Diplomat, IV 3, 85. 98. 265.

Königsmark, schwed. General, III 1, 240. III 2, 93. 148. III 3, 360. 362. 372. 374. 394; erobert Rügen 409 f.; verliert es 422 f.; verliert Stralsund 423 f.

Königsmark, Graf, IV 1, 103; Gräfin Aurora IV 1, 104.

Könneritz, Nicolaus v., II 2, 240.

Köpenicker Vertrag (1638) III 1, 132. 147. 173. 272.

Köppen, General-Adjutant Friedrich Wilhelms I., IV 2, 140 f.

Kolowrat, Reichshofrath, IV 1, 97 ff.

Koniecpolsky, poln. Großbannerherr, III 2, 168. 187.

Korybut, Sigismund, Neffe Witolds von Lithauen, I, 311. 316. 320. 331. 342. 367.

Kospoth, v., preuß. Kanzler, III 2, 425. 450.

Kracht, v. brandenb. Obrist, III 1, 28. 149. 167.

Krakau, Frieden zu (1525) II 1, 130. 137.

Kraut, preuß. Geheimerrath, IV 2, 350.

Kreise in Deutschland II 2, 59. 95. 220. 268.

Krell, Nicolaus, II 2, 350 f. 365.

Kremmer Damm I, 212. 466.

Krockow, v., brandenb. Rath, III 2, 61. 66 f. III 3, 23. 129; in Paris 222 ff. 229. 245. 247; in Wien 287 f. 303. 336. 355. 400 f. 430 ff. 436 f. 489 f.

Kryptocalvinismus II 2, 263.

Kueffstein, östreich. Diplomat, IV 3, 180. 188.
Küstrin, Landtag zu (1572) II 2, 323.
Kunz v. Kauffungen II 1, 85.
Kurakin, russischer Gesandter, IV 2, 159.
Kurfürsten, ihr Recht I, 109. 120.
Kurfürsteneinung in Bingen (1424) I, 324 f. 343. 468; in Frankfurt (1446) II 1, 62. 320.
Kurfürstentag, in Mainz (1419) I, 276. (1427) I, 343; in Nürnberg (1443) II 1, 47; in Regensburg (1630) III 1, 62.
Kurfürstenvereinigung v. (1437) I, 418.
Kurfürstenversammlung in Gelnhausen (1502) II 2, 15.
Kurtz, Graf, kais. Geheimrath, III 1, 128 f. 140. III 2, 73. 83.
Kurverein (von 1399) I, 153.

L.

Labiau, Vertrag zu (1656) III 2, 231 f.
Ladislaus Postumus I, 454. II 1, 30. 55. 75. 90. 91; mündig II 1, 105. 122; sein Tod 134. 139.
Lagnasko, katholischer Geheimrath in Sachsen, IV 3, 16.
Lamberg, kaiserlicher Gesandter, III 3, 260. 470. 476. 501 f. 510.
Lamberty, Publicist, IV 4, 16 f.
Landen, Schlacht bei (1693) IV 1, 91.
Landeshauptmann II 2, 42.
Landfrieden (v. 1371) I. 132; von Eger (1389) I, 142. 463; in den Marken 219 ff.; in Constanz berathen 242 f. 267 f.; in Frankfurt berathen (1427) I, 344.
Landgericht, kaiserliches, zu Nürnberg I, 90. II 1, 27. 116. 120. 130. 143. 150. 157. 210. 367.
Lando, Hieronymus, päpstlicher Legat, Bischof v. Creta II 1, 208. 210. 223.
Landrecis, Festung IV 1, 252 ff.
Landsberger Bund II 2, 294 f.

Landshut, Fürstentag zu (1467) II 1, 233 f.
Landskrona, Schlacht bei (1677) III 3, 382.
Lascy, Samuel, II 2, 399.
Lascy, russischer General, IV 3, 213. 237. 377.
Lauenburg in Pommern III 2, 257 f.
Lauenburg, Herzogthum, IV 1, 48 f.
Lauenburg, Franz Albert v., III 1, 88. 92. 151. 169.
Lauenburg, Franz Carl, III 1, 88. 100.
Laurentius Valla II 2, 72.
Lausitz II 1, 31. 84. 141. 157. 193. 360; von Kursachsen besetzt III 1, 27. 96.
Lavant, Rudolph v., Bischof v. Breslau, päpstlicher Legat II 1, 223. 228. 230. 234. 236 f. 251. 311.
Laverne f. Verne.
Law, Schotte, IV 2, 189.
Laxenburger Bündniß (1682) III 3, 486.
Lebus, Bisthum I, 22.
Lefort, Freund Peters d. Gr., IV 2, 224 f.
Lehnin, Abt von, I, 212. 217.
Leibniz, als Publicist III 2, 285. III 3, 14. 169. 232. 596. IV 1, 76; in Berlin 121. 130. 166.
Leipzig, Convent zu (1631) III 1, 71.
Leipzig, Schlacht bei (1643) III 1, 186.
Lehndorf, Graf v., III 1, 162 f.
Lenzen, Lager bei (1713) IV 2, 70 f.
Leo X., Papst, II 2, 65. 71. 78. 83. 85. 103.
Leopold von Anhalt-Dessau, IV 1, 130; seine militairischen Reformen 165; im spanischen Erbfolgekriege 173; bei Blindheim 181; vom Oberbefehl entbunden 202; zusammen mit dem Kronprinzen 202; (1712) in den Niederlanden 253; nimmt Rügen (1715) IV 2, 142 f.; seine Stellung am Hofe IV 3, 230; vom

Kaiser mit Execution bedroht 338. 353; im Streit mit Grumblow 368.

Leopold I., Herzog v. Östreich, I, 108.

Leopold IV., Herzog v. Östreich, I, 161.

Leopold, östreich. Erzherzog, Bischof von Passau, II 2, 404. 408; in Jülich 413 f. 418. 423.

Leopold I., (Ignatius) Kaiser, III 2, 131. 246; seine Wahl 131. 265 ff. 286—292. 297—300; erneuert das Bündniß mit Polen 265 f.; läßt Schwed.-Pommern angreifen 337 f.; beruft wegen der Türkennoth einen Reichstag nach Regensburg III 3, 27 ff.; der Reichstag 29—33; geht selbst nach Regensburg 34 f.; bittet Ludwig XIV. um Hilfe gegen die Türken 35; gegen Schweden in Betreff Bremens 111 f.; sein Successionsrecht in Spanien 149 f.; schließt mit Brandenb. eine Allianz gegen Frankreich (1672) 258 ff.; läßt Montecuculi gegen Ludwig XIV. marschiren 268. 272. 278. 280; rüstet von neuem 300; nimmt persönlich Theil an dem Auszuge 300 ff.; projectirt eine deutsche Liga 400 f.; will, nachdem Spanien und die Staaten den Frieden zu Nymwegen geschlossen, den Krieg fortsetzen 429; unterhandelt mit Frankreich 430; schließt mit demselben den Frieden zu Nymwegen 436 f.; plant neuen Krieg gegen Ludwig XIV. 490 ff. 513; flieht vor den Türken nach Linz 502; schließt mit den Franzosen einen 20jährigen Waffenstillstand 515 f.; drückt die Evangelischen 560 f.; seine Reichsverwaltung IV 1, 11 f.; siegr. gegen die Türken 27 f.; schließt ein Bündniß mit Wilhelm v. Oranien (1689) 33. 41 f.; ordnet die Truppenaufstellung gegen Ludwig XIV. 43; verliert Belgrad (1691) 67; ist geneigt mit Ludwig XIV. Frieden zu schließen 68; errichtet die neunte Kur 86; dringt auf die Admission Böhmens 89; erhält von Friedrich III. den Schwiebusser Kreis zurück 99 f.; schließt den Ryswicker Frieden 113; gewährt Preußen den Königstitel 151 ff.; Anfang des spanischen Erbfolgekrieges 159 f.; schließt die große Allianz 160; (das politische Testament eines seiner Minister IV 2, 239—270).

Leopold Wilhelm, östreich. Erzherzog, Statthalter in den spanischen Niederlanden III 1, 166. 232. 250. III 2, 24 f. 32 f. 91. 102. 283.

Leszcinsky, Johann, polnischer Gesandter, III 2, 144 f. 153. 454. 457. III 3, 165.

Leszcinsky, Stanislaus, König v. Polen, IV 1, 180. 267. 269. IV 3, 192 f. 213 f. 237. 239. 251 f.; erhält Lothringen 273.

Leslie, kaiserlicher Kämmerer, III 1, 171.

Lessieus, von, französ. Gesandter, III 3, 35.

Leuchtmar, Rumelian, brandenb. Rath, III 1, 100. 107. 121. 159. 165. 179. 182. 184. 192. — Sein Bruder Johann Friedrich, Erzieher des Gr. Kurfürsten III 1, 100. 107. 276.

Leven, Lord, III 3, 564. 566.

Lewenz, Schlacht bei (1664) III 3, 42 f.

Lichtenberg, Zusammenkunft zu (1651) III 2, 17. 466.

Liechtensteinsche Schuld III 3, 354. 553. 559 f. IV 4, 164.

Liechtenstein, Fürst Wenzel v., IV 3, 253. 255 f. 264.

Liefland II 2, 282. 288. 304 f.

Liegnitzer Erbverbrüderung (1536) II 2, 206. 374. III 3, 495 f. IV 1, 99. IV 4, 151—154.

Lieth, von der, russischer Gesandter, IV 1, 219 f.

Liga v. Nürnberg (1538) II 2, 176. 180.

Liga, heilige (1584) II 2, 347 f.

Liga, katholische (1609) II 2, 413.
Liga, kaiserliche (1677) III 3, 400.
Lilie, Axel v., schwedischer General, III 1, 160. 165.
Lilichöd, schwedischer General, III 1, 151. 165. 181.
Liljehöd in Danzig III 3, 346. 368. 417 f.
Limburger Bund (1668) III 3, 164.
Limburg, Grafschaft, IV 1,. 174. IV 2, 83. 85. IV 3, 11.
Lindow, Grafen v., I, 30. 33. 68; Herren v. Ruppin 34. 77. 211. 216.
Lingen, Grafschaft, IV 1, 159. 170. 204.
Lionne, französ. Minister, III 3, 39. 49. 140. 164. 168. 176. 199. 216. 224.
Lippold, Münzmeister Joachims II., II 2, 318. 320.
Lippstadt, Festung III 2, 83 f. 92. 124. 126.
Liria, Herzog v., spanischer Gesandter in Wien, IV 3, 127. 129.
Lisola, östreichischer Gesandter, III 2, 251 ff. 256. 259. 268. 274. 419. III 3, 24. 33. 230. 261. 266.
Lobkowitz, östreich. Reichsfürst und Minister, III 2, 97. III 3, 257. 259 f. 299. 334.
Löben, brandenb. Rath, III 1, 48. 210. III 2, 52. 160. 172 f. 271 f.
Löckenitz, III 3, 347. 375.
Löwenwolde, russischer Gesandter, IV 2, 341. IV 3, 143; in Berlin 144. 173; unterhandelt mit Friedrich Wilhelm I. und Seckendorff einen Vertrag gegen Polen 174. 179 f. 205 f.
Longueville, französischer Diplomat, III 2, 13.
Loß, Hofmarschall Augusts II., IV 2, 268 f.
Lothringen, Herzog von, I, 226. S. auch Karl v. Lothringen.
Lottum, preuß. General, IV 1, 161.

Louise Henriette von Oranien, Gemahlin des Gr. Kurfürsten, III 1, 209 f. III 2, 117. III 3, 135.
Louvois, französ. Minister, III 3, 247. 440.
Lubomirsky, polnischer Krongroßmarschall, III 2, 169. 239. 395. 407. 438. 456. III 3, 56 f. 87. 114 ff.
Ludwig, dritter Sohn des Gr. Kurfürsten, vermählt mit Louise Radzivil III 3, 472. 541; sein Tod 556. IV, 4, 166.
Ludwig, Markgraf v. Baden, IV 1, 58. 90 f. 106. 108. 284.
Ludwig, Herzog v. Baiern, I, 100; Kaiser 19. 107; Versorgung seiner Söhne 110; sein Tod 112.
Ludwig, Herzog v. Baiern, Markgraf zu Brandenburg I, 19. 110; gegen Karl IV. 113; Kurfürst 189.
Ludwig der Bärtige, Herzog v. Baiern-Ingolstadt, I, 168; Graf v. Mortagne 171; in Constanz 235. 260. 263. 270. 278; im Streit mit Kurfürst Friedrich I. von Brandenburg 278. 297. 303. 314 f. 318. 335. 407. 426; sein Tod II 1, 6.
Ludwig v. Baiern, der Reiche, II 1, 117. 128. 133; im Streit mit Albrecht Achilles 143. 150. 158 f. 163. 167 f. 183; verbündet sich gegen Kaiser Friedrich III. 173. 179 f. 199 f.; strebt nach der Kaiserlichen Hauptmannschaft 216 f.; mit Friedrich III. geeint 227. 231. 304.
Ludwig von Baiern, unterh. (1522) mit Rom II 2, 112; gegen Karl V. 151 f.
Ludwig II., König von Böhmen und Ungarn, II 2, 74. 94; fällt bei Mohacz 133.
Ludwig v. Darmstadt II 1, 419. 423.
Ludwig XI., König von Frankreich, II 1, 197. 224. 289; gegen Burgund 299. 303; mit Burgund 303; beansprucht Burgund 308. 323 ff.; sein Tod 352.

Ludwig XII., König von Frankreich, II 2, 14. 65.

Ludwig XIV., König von Frankreich, III 2, 58. III 3, 12; verlobt mit der spanischen Infantin III 2, 323. 338; besetzt Lothringen u. Avignon III 3, 25; fordert die 10 freien Städte im Elsaß auf sich zu unterwerfen 48; hilft Kurmainz gegen Erfurt 50—54; Erbe v. Lothringen 60; kommt Holland gegen Münster zu Hilfe 78 ff. 89 f.; erklärt England den Krieg 83; nähert sich Brandenburg 96; seine Betheiligung an der Bremer Sache 111; sein Anrecht auf den Burgundischen Kreis 121; seine militairischen Kräfte 125; tritt in geheime Verhandlungen mit England 126; erklärt sich für Condés Wahl in Polen 127; fällt in Flandern ein 130 f. 142; sein Successionsrecht in Spanien 149 f.; schließt den Frieden zu Aachen 151; schließt eine Allianz mit Brandenburg 177 f.; behufs Sprengung der Tripel-Allianz mit England 217; unzufrieden mit den Staaten 217; sein Verhalten zum Papst 218; occupirt Lothringen (1670) 224 f.; seine Gegner 226 f.; rüstet gegen die Staaten 228; sucht eine Allianz 1671) mit Brandenburg 241 f.; greift die Staaten an 262 ff.; erläßt ein Schreiben an die Kurfürsten, Fürsten u. Stände des Reichs 270; hält die Bewegung in Deutschland nieder 271; läßt durch Turenne den Gr. Kurfürsten u. Montecuculi angreifen 273. 280 ff.; schließt mit dem Gr. Kurfürsten den Frieden zu Vossem 293; versucht Brandenburg ganz auf seine Seite zu ziehen 294; seine Forderungen an die Staaten 298. 408; dringt im Reich weiter vor 302; muß sich zurück ziehen 307; besetzt die Unterpfalz 308 f.; erobert selbst die Franche Comté (1674) 314; in der Defensive (1676) 363 f.; seine Lage (Anfang 1676) 369 f.; greift (1677) die spanischen Niederlande an 389; nimmt Gent und Ypern 411; seine Friedensbedingungen in Nymwegen 413; schließt mit den Staaten ab 425; rückt im Reich vor 426 f.; verletzt den Nymwegener Friede 442 f. 456; schließt mit Brandenburg den Frieden zu St. Germain 449 ff.; ruft die Reunionskammern ins Leben 456. 459. 468; schließt mit Brandenburg einen geheimen Vertrag (1679) 458; läßt langsam Cleve räumen 458 f.; — seine Macht 464 ff.; schließt mit Brandenburg (1681) eine Defensiv-Allianz 477; einen neuen Vertrag (1682) 485; (1683) 499; (1684) 511; greift die Spanier in den Niederlanden an (1684) 510; erobert Luxenburg 514; sein Verhalten zu den Hugenotten 520; erhebt Ansprüche auf die Allodialgüter des Hauses Pfalz-Simmern 522; hebt das Edict von Nantes auf 529; macht dem Gr. Kurfürsten Vorwürfe wegen des Potsdamer Edictes 532; protestirt gegen den Augsburger Bund und rüstet 548; will Fürstenbergs Wahl zum Kurfürsten v. Cöln durchsetzen IV 1, 23 ff.; erklärt dem Reiche (1688) den Krieg 26; rückt in Deutschland ein 28 f.; zurückgedrängt 31; mit den Türken verbunden 41; läßt die Pfalz verwüsten 43; erobert Mons (1691) 80; nimmt Namur 85; schließt den Ryswicker Frieden 112 f.; läßt die Thronbesteigung Philipps v. Anjou notificiren 159 f.; im Successionskrieg besiegt und bereit nachzugeben 210; bittet nach der Schlacht bei Malplaquet um Frieden 223; schließt den Utrechter Frieden IV 2, 28 ff.; seine Lage nach dem Frieden 61; sein Tod 136.

Ludwig XV., König v. Frankreich, IV 2, 175; vermählt 378; rückt über Kehl gegen den Kaiser vor IV 3, 217; geht weiter im Reich vor

(1734) 240. 244; (1735) 265. 267; schließt mit dem Reich den Wiener Frieden 270. 273 f.
Ludwig, Markgraf v. Meißen, Bischof v. Bamberg I, 132.
Ludwig, König Ruprechts Sohn, Pfalzgraf I, 159. 225. 323; sein Sohn
Ludwig mit dem Höcker I, 426. II 1, 6. 49.
Ludwig der Schwarze v. Veldern, Pfalzgraf, II 1, 118. 158. 256. 267.
Ludwig, Kurfürst v. d. Pfalz, II 2, 57. 70. 73.
Ludwig, Kurfürst v. d. Pfalz, Sohn Friedrichs III., II 2, 344.
Ludwig, Herzog v. Brieg, I, 368. 373.
Ludwig Gonzaga I, 406.
Luiscius, Abraham Georg, preuß. Agent im Haag, IV 3, 130. 207. 289. 305. 321. 330. 339 f. 360. 369 f.; ein Bericht von ihm aus dem Jahre (1736) IV 4, 464.—466.
Lumbres, de, französ. Gesandter, III 2, 149. 174. 165 f. 199 ff. 209. 222. 335. 484. III 3, 74.
Luther, Dr. Martin, seine Ansicht über die Obrigkeit II 2, 23 f.; tritt gegen Tetzel auf 72. 89; in Augsburg 72. 78; sein Werk 96. 99—102; in Worms (1521) 98 f.; auf der Wartburg 105.
Lutter am Barenberge, Schlacht bei (1626) III 1, 44.
Lübeck I, 71. II 1, 77. 281. 296. 301. II 2, 50 f. 107. 116. 156 f. 160. 192.
Lübeck, Tag zu (1550) II 2, 236; Friede zu (1629) III 1, 53. 56.
Lüneburg II 1, 340.
Lüttich IV 1, 80.
Lützen, Schlacht bei (1632) III 1, 85.
Lund, Schlacht bei (1676) III 3, 377.
Luxenburg, Festung, III 3, 489. 514.
Luxenburg, französ. Marschall, III 3, 272.
Lyf, Schlacht am (1656) III 2, 223.
Lysura, Johann v., II 1, 69. 133.

M.

Madrid, Friede zu (1526) II 2, 131.
Magdeburg, Erzbisthum I, 44, 84. III 1, 36. 54.
Magdeburg, Stadt I, 55. II 2, 132. 138. 214. 217; in der Acht 234—245; capitulirt 245 f.; von Tilly belagert III 1, 73—75; unter dem Gr. Kurfürsten III 2, 278 f.; von Brandenburg besetzt III 3, 101.—105; Bündniß zu (1688) IV 1, 30.
Magnus, Bruder Friedrichs II. von Dänemark, II 2, 288; König von Liefland 304. 314 f.
Magnus de la Gardie, schwed. General, III 2, 169. 175. 177. 188; schwedischer Reichskanzler III 3, 129 f.
Maidel, Jägermeister von Lithauen, III 2, 195. 199.
Mailand I, 198. 225. II 2, 54. 270.
Mainz, belagert (1689) IV 1, 47.
Mainzer Verhandlungen (1635) III 1, 101.
Malplaquet, Schlacht bei (1709) IV 1, 211. 213; Grumbkows Bericht darüber IV 4, 277.—283.
Maltitz, die von, I, 213.
Maltzan, Joachim, II 2, 70. 80. 85. 181.
Mandelsloe, Ernst, II 2, 290. 303.
Mannsfeld, Vollrad v., II 2, 254.
Mannsfeld, General im 30jährigen Kriege, III 1, 36 f. 262; verwüstet die Marken 37 f. 40; geschlagen an der Dessauer Brücke 39 f.; wirft sich nach Schlesien 40 f.; sein Tod 50.
Manteuffel, die von, I, 78.
Manteuffel, Ernst Christoph Graf v., sächsischer Diplomat, IV 2, 94. 97. 101. 182. 209. 231; Minister IV 3, 19. 68 f. 71—115; seine publicistische Thätigkeit IV 4, 7—11. 437 f.
Mantua, Congreß zu (1459) II 1, 147. 153 f. 156 f. 375.
Marbacher Bund I, 168. 197.

Mardefeld, von, schwedischer General, III 3, 305. 362; sein Sohn

Mardefeld, Gustav v., preuß. Resident in Rußland, IV 2, 54. 211. 222 f. 310. 401. IV 3, 7.

Mardefeld, Axel von, Neffe und Nachfolger des vorigen, IV 3, 13. 234—237. 326.

Marenholtz, brandenb. Rath, III 3, 257.

Margarethe, Karls IV. Tochter, Gemahlin des Burggrafen Johann III. I, 127.

Margarethe, Königin von Dänemark, I, 77.

Maria, Tochter Jacobs II. von England, Gemahlin Wilhelms III., III 3, 386. 408.

Maria v. Burgund II 1, 308. 331.

Marie v. Orleans, Gemahlin Karls II. v. Spanien, III 3, 521.

Marie v. Ungarn, König Sigismunds Gemahlin, I, 73. 81. 131. 137.

Marie Eleonore v. Jülich, Gemahlin Albrecht Friedrichs von Preußen, II 2, 322. 367. 369. 371. 401. 404.

Marie Eleonore, Gemahlin Gustav Adolphs, II 2, 451. III 1, 26. 181. 260.

Maria Stuart II 2, 344. 352.

Maria Theresia, Erzherzogin von Östreich, IV 2, 333; vermählt IV 3, 277.

Marienburg, Verhandlungen zu (1655) III 2, 169 f.; Vertrag zu (1656) III 2, 195 f.

Marienwerder, Zusammenkunft zu (1709) IV 1, 215.

Marignano, Schlacht bei (1515) II 2, 65.

Mark, de la, französ. Diplomat, IV 2, 208. 222.

Mark Brandenburg I, 20 ff.; unter den Luxemburgern 20. 70; in Pfandschaft 73; in Hauptmannschaft des Burggrafen Friedrich 201; Landfrieden von (1414) 219 ff.; erblich an Friedrich 239; getheilt (1437) 427; an Albrecht Achilles II 1. 274 f.; — Reformation in der Mark 184 ff.; im 30jährigen Kriege verwüstet III 1, 50 f. 59 f. 130; (1675) von den Schweden verwüstet 338 ff.

Marlborough, siegt bei Blindheim IV 1, 181; in Berlin 187; bei Karl XII. (1707) 198; von der Armee abberufen 250.

Marlheim, Affaire bei (1674) III 3, 324.

Marschall v. Biberstein, s. Biberstein.

Marschall, Samuel v., preuß. Rath, IV 2, 232.

Mastricht, Festung, III 2, 294.

Mastrichter Handel (1733) IV 3, 189 ff.

Marsin, französ. Marschall, IV 1, 181.

Martin V., Papst (Colonna), I, 265 f. 342. 349. 352. 367. 369 ff. 373 f.

Martinière, Publicist, IV 4, 28—32.

Martinitz, kais. Gesandter, III 1, 164 f.

Marwitz, Otto, brandenb. Rath, III 1, 115. III 2, 331. 348.

Marwitz, General v., IV 4, 56 f.

Masch, v., preuß. Gesandter im Haag, IV 4, 14.

Matthias (Hunyades), König von Ungarn, II 1, 139 f. 163. 208. 223. 236. 301; gegen Georg Podiebrad 241. 243. 245; strebt nach der böhmischen Krone 261. 292. 319; erhält Schlesien 292; vermählt 308 f.; gegen die Türken 309. 322; gegen Kaiser Friedrich III. 309. 314. 325. 330 f. 364; belagert Wien 344; zieht in Wien ein 347; sein Tod 364.

Matthias, Kaiser-König von Ungarn, II 2, 408. 420; König v. Böhmen 426; Kaiser 427. 443. 446; sein Tod 449.

Matthias, Thomas, Rentmeister Joachims II., II 2, 317. 321.

Mauvillon, Eleazar, Publicist, IV 4, 25—28.
Maximilian I., Kaiser, II 1, 225. 296; seine Verlobung mit Maria v. Burgund 255. 302. 304. 307; vermählt 308 f.; Wittwer 331; soll zum Reichstag nach Frankfurt (1485) 344. 346. 353; siegt in Burgund 352; in Frankfurt gewählt 355. 380; sein Charakter 362; schließt Friede mit Frankreich II 2. 14; seine Stellung im Reich 16 ff.; seine Besitzungen 24; gegen Frankreich und Venedig 51; schließt die Liga von Cambray 55; entwirft in Trier die Kreiseintheilung Deutschlands 59; schlägt die Franzosen 60; schließt einen Vertrag mit Rußland 60 f.; mit Polen und Böhmen 62; läßt den Deutschen Orden im Stich 63; unterhandelt mit Heinrich VII. von England 65; agitirt in Augsburg für die Wahl Karls V. 73.—77; sein Tod 77.
Maximilian II., II 2, 228. 255; seine Wahl 284. 287. 295; sein Verhalten zu den Protestanten 284. 287; schließt sich an Spanien an 308; sucht seinem zweiten Sohn Ernst die polnische Krone zu verschaffen 331; seinem ältesten, Rudolph, die römische Königskrone 334 f.; zum König von Polen gewählt 339; sein Tod 339.
Maximilian, Herzog von Baiern, in Donauwörth II 2, 407; schließt die Liga 413, 422 f.; erhält die Kurwürde III 1, 33. 48; gegen Wallenstein 57. 61. 66; gegen Gustav Adolph 79; heirathet eine Tochter Ferdinands II. 109; gegen Ferdinand III. 230; nähert sich ihm wieder 232; flüchtet vor Wrangel 240.
Maximilian von Cöln, Herzog von Baiern, III 2, 283.
Max Emanuel, Kurfürst v. Baiern, III 3, 504. 537. IV 1, 9; Statthalter in den spanischen Niederlanden 82. 128; schließt eine defensive Allianz mit Brandenburg 111; verbündet sich mit Frankreich 160; in der Acht 182; darf zurückkehren IV 2, 31; sein Tod 137; sein Bruder
Maximilian Heinrich, Kurfürst von Cöln, IV 1, 8. 23.
Maximilian August, Sohn v. Ernst August von Hannover, IV 1, 83.
Mayenne, Herzog v., II 2, 355.
Mayr, Martin, II 1, 107. 121. 132 f. 167. 171. 190. 209. 216. 295. 376.
Mazarin, Cardinal, III 1, 191. 215. III 2, 13. 94. 182. 245; seine Thätigkeit bei der Wahl (1657) 263 f. 265; sein Verhalten zu Brandenburg 317. 327 f.; für Schweden gegen Holland 321.
Meinders, v., brandenb. Geheimrath, III 3, 144. 147. 161. 221. 290 ff. 294. 345. 415; in Paris 430. 440. 445; schließt den Frieden von St. Germain 448.
Meinertshagen, preuß. Resident im Haag, IV 3, 51. IV 4, 13 f.
Meinhard von Neuhaus I, 356. II 1, 85.
Meißner, luther. Theologe, III 1, 25.
Mecklenburg, märkisches Lehn I, 19. II 1, 44; Herzöge von I, 21. 208. 241 f. 250. 293. II 1, 31. III 1, 51. 54. 65. 74; Land in kaiserlichem Sequester (1696) IV 1, 109; von hannövrischen Executionstruppen besetzt (1714) 253. IV 3, 12. 26. 48 ff. 97. 146. 219 ff.; von Preußen besetzt 225 f. 351.
Melanchthon II 2, 141. 184 f. 186. 190. 215. 226. 249. 263. 325 f.
Menschikoff, Prinz, russischer General, IV 1, 264; in Berlin 265; in Holstein IV 2, 45; unterhandelt mit Preußen wegen Stettin 48; nimmt Stettin 54—57; für Katharina I. thätig 364; erstrebt Curland 401; Regent für Peter II. 440. IV 3, 5. 7 f.; gestürzt 8.

Merckbach, Kanzler von Magdeburg, II 2, 373. 382; sein Sohn II 2, 375.
Mercure historique et politique IV 4, 3. 12.
Mergentheim, Tag zu (1459) II 1, 151.
Mergentheimer Bund (1443) II 1, 51. 58. 66.
Mescherin, Waffenstillstand zu (1469) II 1, 249. 377.
Messina, Aufruhr in (1674) III 3, 335.
Metternich, Ernst v., preußischer Gesandter in Wien, IV 1, 222. 236; Reichstagsgesandter in Regensburg IV 2, 39. 289; seine Conversion und sein Tod 449 f.
Meyerfeldt, General v., Commandant von Stettin, IV 2, 48. 54. 56 f.
Michael (Wiesnewiecczki), König von Polen, III 3, 173. 204. 227. 261. 297. 305.
Milau, Obrist-Lieut. v., III 1, 133.
Millet, französ. General, III 3, 111 f. 127. 134. 113.
Miltitz, Karl v., II 2, 85.
Minden III 2, 5.
Minkwitz, Hans, II 2, 140. 142.
Minkwitz, Nicolaus, II 2, 107. 112; zieht gegen den Bischof v. Lebus zu Felde 143; überfällt Fürstenwalde 113 f.; geht nach Ungarn 147; kehrt zurück 149. 214.
Milizeinrichtung unter Friedrich I. IV 1, 168.
Mittelmark I, 19.
Mömpelgard, Grafschaft, III 1, 86.
Mörlin, preuß. Resident in Wien, IV 2, 72. 81.
Mörs, Dietrich v., Erzbischof v. Mainz, I, 232. 235.
Mörs, Grafschaft, IV 1, 159. 170. 201. 259 ff.
Mohacs, Schlacht bei (1526) II 2, 133. (1687) III 3, 560.
Moltke, die von, I, 78.
Moltke, v., hannövrischer Oberjägermeister, IV 1, 83.

Monk, engl. General, III 2, 355.
Monmouth, Herzog v., III 3, 524 f.
Mons, Festung, IV 1, 80.
Mons, Schlacht bei (1678) III 3, 421.
Mont Cassel, Schlacht bei (1677) III 3, 389.
Montague, englischer Admiral, III 2, 321 f. 332. 334. 340 f. 355. III 3, 167.
Montecuculi, östreichischer General, III 1, 56; in den Marken 134; als Unterhändler III 2, 274 f.; gegen Schweden 276. 305 f. 332 f. 337 f.; gegen die Türken III 3, 31. 44; gegen Ludwig XIV. (1672) 268. 272. 278 f.; giebt den Oberbefehl ab 280; rückt (1673) von neuem gegen Ludwig XVI. 302; gegen Turenne 355 f.; spricht in Wien gegen den Gr. Kurfürsten 430.
Monterey, spanischer Gouverneur in den Niederlanden, III 3, 249. 266 f.
Monti, de, französ. Gesandter, IV 3, 243.
Montmejau, Jesuit, IV 1, 180 f.
Montmoulin, Kanzler von Neuschatel, IV 2, 78. 82.
Moritz v. Sachsen II 2, 174. 208 f.; verbündet mit Karl V. 209. 211 f.; mit der Ausführung der Acht gegen Magdeburg beauftragt 238 f.; mit Johann von Küstrin gegen Karl V. 239 ff. 250 f.; besetzt Magdeburg 245 f.; im Bündniß mit Heinrich II. von Frankreich 242. 246; kommt mit Ferdinand I. in Linz zusammen 251; Capitulation v. Passau 252; fällt bei Sievershausen 256.
Moritz, Landgraf von Hessen, II 2, 412. 416. 430. 442. III 1, 30 f.
Moritz, Graf v. Nassau, Statthalter in Cleve, III 2, 16. 20. 23. 27. 52. 117. 124. 126. 242 ff. III 3, 359; bei der Wahl Leopolds I. in Frankfurt III 2, 286. 292; warnt den Gr. Kurfürsten vor Gewaltschritten in Cleve 377; seine An-

sprache an die Stände von Cleve 379; geht als Gesandter nach England III 3, 15. 17 f.
Moritz von Sachsen-Zeitz IV 1, 79.
Moritz v. Sachsen, franz. Marschall, IV 2, 310. 398. 410. 428. IV 3, 8.
Morsztyn, polnischer Schatzmeister, III 3, 119. 127. 157.
Morzin, kais. General, III 1, 104. 106. 114 f. 117.
Motte, de la, Obrist-Lieutenant, IV 3, 44. IV 4, 39 f.
Mozambano, Schrift Pufendorfs, III 3, 238.
Mühlberg, Schlacht bei (1547) II 2, 216.
Mühlhausen, Gefecht bei (1674) III 3, 330.
Mühlheim a/Rh. II 2, 427. 441 f.
Mühlroser Canal III 1, 44. 262. 189. 280. III 2, 117. III 3, 186.
Müller, Christian, Publicist, IV 1, 177.
Münchhausen, Freiherr, hannövr. Minister, IV 3, 309.
Münnich, russischer Feldmarschall, IV 3, 143. 145. 173; belagert Danzig 237; erobert es 243; im Türkenkriege 372 f. 380 f.
Münster, Stadt III 3, 62.
Münster, Friedenscongreß zu (1648) III 1, 179. 197. 210.—241; Anfang der Verhandlungen 211 f.; der Streit um Pommern 213. 226; der Abschluß 241; der Frieden 242 ff.; die Schwierigkeiten bei der Ausführung der Friedensbestimmungen 247 ff.
Münsterscher Krieg (1665) III 3, 62. 76.—81.
Murten, Schlacht bei (1476) II 1, 307.
Musculus, lutherischer Eiferer, II 2, 325 f.

N.

Namur IV 1, 85. 105.
Nassau, Grafen v., I, 147.
Nassau-Friesland, Prinz v., IV 1, 148.
Natzmer, v., preuß. General, IV 1, 260. 303. IV 2, 110.
Nauen, Gefecht bei (1675) III 3, 349 f.
Naumburg, Tag zu (1555) II 2, 265. (1561) II 2, 285; Friede zu (1451) II 1, 87.
Neipperg, Graf, östreich. Diplomat, IV 3, 380.
Netze, Gefecht an der (1666) III 3, 116.
Neuburg, Pfalzgraf v., II 2, 368. 371. 404. 406. III 1, 55. 222. 224. 250. III 2, 14 f. 25. 34. 39 f.; vergl. auch Wolfgang Wilhelm und Philipp Wilhelm.
Neufchatel, von Wilhelm III. an Friedrich III. abgetreten IV 1, 105; von Preußen in Besitz genommen 205.—309.
Neuhäusl, Gefecht bei (1685) III 3, 528.
Neumark I, 19. 64. 75; an den deutschen Orden verpfändet 75; von Polen gefordert 214; fällt an Friedrich II. v. Brandenburg II 1, 110. 143. 373; vom Hochmeister zurückgefordert 316; definitiv an Brandenburg II 2, 68; an Johann von Küstrin 162.
Neuß, Stadt, belagert von Karl dem Kühnen II 1, 292. 295 f. 299. 300.
Neuß, Dr., ständischer Syndikus in Cleve, III 2, 214. 242.
Neustadt, Tag zu (1454) II 1, 117 f. 123.
Neutra, Festung in Ungarn, III 3, 42.
Nevers, Herzog v., II 2, 401. 412.
Nicolaerts, kölnischer Domherr, III 3, 242.
Nicolaus V., Papst (Thomas von Bologna), II 1, 70; anerkannt 73; sein Tod 124.
Niederlande, im Aufstand gegen Spanien II 2, 299. 301. 344. 394. III 1, 216;— im übrigen s. Staaten.

Nils Juel, dänischer Admiral, III 3, 373. 392. 120 f.
Nissa, Festung, IV 3, 322.
Nördlingen, Schlacht bei (1634) III 1, 96. 108 f.
Nordhausen IV 1, 132. IV 2, 83. 85.
Nordischer Krieg, sein Ausbruch IV 1, 141.
Norprath, brandenburgischer General, III 1, 191.
Norris, englischer Admiral, IV 2, 176. 219. 259. 276 f. 299. 316. IV 3, 266.
Noyon, Friede zu (1516) II 2, 66.
Nürnberg, Stadt, I, 89; gegen Karl IV. 113; im Streit mit Burggraf Friedrich V. 120; gegen Ruprecht 172; erwirbt die Burg von Friedrich I. 345; gegen Albrecht Achilles II 1, 80. 280; mit Baiern 340. 347. 350.
Nürnberg, Tag zu (1459) II 1, 151; Friede zu (1462) II 1, 201; Liga von II 2, 176.
Nyborg, Schlacht bei (1659) III 2, 318.
Nymwegen, Friedenscongreß zu (seit 1677) III 3, 380. 407. 413; Abschluß mit den Staaten und Spanien 125; mit dem Kaiser 136 f.; mit Braunschweig u. Münster 438; mit dem Reich 439.
Nystadt, Friede zu (1721) IV 2, 311. 318.

O.

Oberrechenkammer in Preußen IV 2, 352.
Oeringen, Tag zu (1463) II 1, 210.
Oettingen, Graf, Reichshofrathspräsident, IV 1, 97. 110. 288.
Ofen, Festung, den Türken entrissen (1686) III 3, 536.
Ofen, Reichstag zu (1424) I, 330.
Oliva, Kloster, Frieden zu (1660) III 2, 353—360.
Olmütz, Tag zu (1469) II 1, 245.

Olszowski, polnischer Unterkanzler, III 3, 197. 200.
Duolzbacher Vergleich (1603) II 2, 381.
Opalinsky, Palatin v. Posen, III 2, 145 f.
Oranien, Fürstenthum, III 2, 13. III 3, 15. 17. 530. IV 1, 170.
Oranien, Prinz v., II 2, 301. 303. 308. 335. 344.
Oranien, Moritz v., II 2, 394. 407. 115. 420. 442. 447.
Oranien, Friedrich Heinrich v., III 1, 54 f. 56. 125. 127 f. 142. 185. 213. 216.
Oranien, Wilhelm v., s. Wilhelm III.
Oranienbaum, Zusammenkunft zu (1699) IV 1, 140 f. 226.
Oranische Erbschaft IV 1, 170. IV 2, 31. IV 3, 172.
Orden, deutscher, I, 75; sein Sinken 78 f.; Niederlage b. Tannenberg 83; Zerrüttung und Schwächung 218. 250. 277. 290. 299. 314. 320. 360. 444 f. II 1, 30; im Streit mit dem ständischen Bunde II 1, 91. 106 f.; mit Casimir v. Polen 106; in der Hand der Söldner 108. 141; verliert die Marienburg 142; behält im Frieden zu Thorn nur Ostpreußen 227; erhebt sich gegen Polen 316. 321. II 2, 53. 61 f.; verliert im Krakauer Frieden (1525) Preußen 130; wählt einen Administrator des Hochmeisterthums 137. 150; — erhebt Ansprüche auf Preußen (1627) III 1, 50.
Ormond, Herzog v., IV 1, 250. 252 f.
Osnabrück, Congreß, s. Münster.
Ostender Handelscompagnie IV 2, 337. 344 f. 373. 435. 440. IV 3, 127.
Ostermann, russischer Minister, IV 2, 409. IV 3, 8. 173. 288.
Ostfriesland III 3, 63 f. 474. 488. 560. IV 1, 91 f. 99. IV 2, 328 f. 367. IV 3, 48. 146. 173. 176 f. 300 ff.

Otterstädt, die von, II 2, 34.
Otto, Bischof v. Havelberg, I, 41.
Otto, Pfalzgraf, II 1, 255. 347.
Otto, Herzog von Pommern-Stettin, I, 215.
Otto, Herzog v. Stettin, II 1, 163. 221.
Oudenarde, Festung, III 3, 320.
Oxenstjerna, Erich, schwedischer Reichskanzler, Brautwerber für Gustav Adolph III 1, 260; übernimmt nach Gustav Adolphs Tode die Führung Schwedens 87; in Berlin 93; unterhandelt (1635) in Mainz mit Brandenburg 101. 104; seine Verwaltung in Schweden 183. 209; seine Forderungen in Osnabrück 226; unterhandelt in Stettin mit Schwerin (1655) III 2, 154; unterhandelt mit dem Gr. Kurfürsten den Königsberger Vertrag 177 ff. 186; betheiligt bei den Frauenburger Verhandlungen (1656) 191. 223 f.; sein Tod 231.
Oxenstjerna, Johann, des Kanzlers Sohn, III 1, 179. 279. 209. III 2, 250.
Oxenstjerna, Benedict, III 2, 67. 149.

P.

Pac, die, poln. Großen, III 2, 145. III 3, 157.
Pac, Michael, III 3, 379.
Pack, Otto, sächsischer Rath, II 2, 138. 141.
Pallavicini, östreich. Admiral, IV 3, 378.
Palm, Freiherr v., östreich. Gesandter in London, IV 2, 433; ausgewiesen 434.
Pappenheim, Heinrich v., Reichsmarschall, II 1, 175. 178.
Pappenheim, General im 30jährigen Kriege, III 1, 54. 60. 85.
Parkany, Gefecht bei (1664) III 3, 43.
Partagetractat s. Theilungsvertrag.

Passarowitz, Frieden zu (1718) IV 2, 227.
Passau, Verhandlungen zu (1552) II 2, 252.
Patkul, sächsischer Geh. Kriegsrath, IV 1, 133; dringt auf Krieg mit Schweden 134; in russischen Diensten 176. 179. 183 f.; verhaftet 188; an Karl XII. ausgeliefert 195.
Paul II., Papst, II 1, 222. 262.
Paul III., Papst (Farnese), II 2, 218. 228.
Pavia, Schlacht bei (1525) II 2, 126.
Peenemünder Schanze III 3, 372. 374. IV 2, 120. 131. IV 4, 364—366.
Penneranda, spanischer Gesandter, III 2, 273.
Perleberger Vertrag (1436) II 1, 31. 367.
Perusa, bairischer Gesandter in Wien, IV 3, 401 f.
Peter d. Gr., Czar, kommt mit August II. zusammen (1698) IV 1, 133; läßt Friedrich III. v. Brandenburg Vorschläge zur Theilung Schwedens machen 179; schickt Patkul nach Berlin 183; geht gegen Karl XII. vor 183 f. 199; schlägt Karl XII. bei Pultawa und dringt nach Polen vor 213; kommt mit Friedrich I. von Preußen in Marienwerder zusammen 215; läßt Elbing besetzen 218; sein Vorschreiten in Liefland 220 f.; am Pruth 239; läßt im Reich einrücken 240; selbst in Pommern 267; in Berlin bei Friedrich Wilhelm I. IV 2, 43; verweigert die Ratification des Schwedter Vertrages 80; unterwirft Finnland 88. 96; schließt einen Garantievertrag mit Friedrich Wilhelm I. 92. 97; kommt in Danzig mit August II. zusammen 154 f.; verlangt das Mitbesatzungsrecht in Wismar 157 f.; kommt mit Friedrich Wilhelm I. in Stettin zusammen 158; einigt sich mit Dänemark zu einer Expedition nach Schonen 160. 174;

in Mecklenburg 178; kommt mit Friedrich Wilhelm I. in Havelberg zusammen 184; seine materielle Verwaltung in Rußland 192 f.; reist nach Paris 202; zieht seine Truppen nach Polen zurück 204 f.; in Berlin 1717, 210 f.; erneuert 1718 seine Allianz mit Friedrich Wilhelm I. 221 f. 232; tritt dem Frieden zu Stockholm nicht bei 278 f.; schließt mit Friedrich Wilhelm I. ein Concert in Betreffs Polens 280; setzt den Krieg gegen Schweden fort 299; ist zum Frieden geneigt 311; fordert in Nystadt Liefland 312. 316; fällt in Schweden ein 316; schließt den Frieden zu Nystadt 318; zieht gegen Persien 336 f.; giebt seine älteste Tochter dem Herzog v. Holstein 356; schließt mit Schweden die Stockholmer Allianz 359; sein Tod 369.

Peter II., Czar v. Rußland, IV 2, 110; nähert sich Preußen IV 3, 5. sein Tod 77.

Peter, Bischof v. Augsburg, II 1, 158. 160.

Petersberg bei Halle IV 1, 132.

Peterwardein, Schlacht bei (1716) IV 2, 180.

Petrikau, Tag zu (1469) II 1, 219; (1513) II 2, 60.

Pflug, Julius, Bischof v. Naumburg, II 2, 222.

Pfuel, Curt Bertram v., brandenb. Rath, III 1, 115. 121. III 2, 45 f.

Pfuel, brandenburg. General, III 2, 306.

Philipp v. Valois, der Kühne, Herzog v. Burgund, I 137. II 1, 108 f.

Philipp v. Burgund, Sohn Maximilians I. und Marias, II 1, 333. 352; vermählt 363; sein Tod II 2, 22.

Philipp, Landgraf v. Hessen, II 2, 65. 130. 138. 141. 151. 158 f. 180. 208; im Schmalkaldener Krieg 213—217; gefangen 217. 241.

Philipp v. Orleans, Regent v. Frankreich, IV 2, 136. 175; schließt eine Defensiv-Allianz mit Friedrich Wilhelm I. 179; tritt in die Tripelallianz 186; die finanziellen Verhältnisse Frankreichs 189; schließt einen Freundschaftsvertrag mit Peter d. Gr. 202. 235; seine Politik 335.

Philipp, Herzog v. Pommern, II 2, 159.

Philipp II., König v. Spanien, II 2, 228. 256; erlangt mit Maria v. England die englische Krone 257; sein Krieg mit Frankreich 157. 281; verliert durch Marias Tod die englische Krone 283; gegen die Niederlande 301. 310; gegen Elisabeth v. England 352. 355.

Philipp IV., König v. Spanien, III 2, 94. 265. 502.

Philipp V. von Anjou, König v. Spanien, IV 1, 134; Intestat-Erbe Karls II. 151; treibt Karl v. Östreich zurück 224; seine Lage nach dem Utrechter Frieden IV 2, 176.

Philipp Ludwig v. Pfalz-Neuburg II 2, 406.

Philipp Wilhelm, Markgraf, Sohn d. Gr. Kurfürsten, III 3, 535. IV 1, 78 f. 165.

Philipp Wilhelm v. Pfalz-Neuburg III 2, 83. 125. 149. 183. 213; hat Aussicht Kaiser zu werden 264. 298 f.; schließt mit dem Gr. Kurfürsten den „beständigen Erbvergleich" (1666 381. III 3, 89. 116; seine Aussichten auf die polnische Krone 114 ff. 120. 160. 164; einigt sich mit Frankreich 117 f. 139; schließt sich an Östreich an 400; Erbe von Kurpfalz 521. 561. IV 1, 9.

Philippowo, Gefecht bei (1656) III 2, 227 f.

Philippsburg III 3, 321. IV 3, 244.

Piccolomini III 1, 169. III 2, 97.

Pillenreut, Gefecht bei (1449) II 1, 85. 371.

Pilsener Vertrag (1617) III 1, 232.

Pimentell, Jesuit, III 2, 75. 91. 138.

Pinneberg, Conferenzen zu (1699) IV 1, 135.

Piper, Graf, schwed. Diplomat, IV 1, 197.

Pirna, Verhandlungen zu (1694) III 1, 96 f.

Pisa, Concil in, s. Concil.

Pius II., Papst (Aeneas Sylvius), II 1, 135; Stellung zu Georg Podiebrad 146. 150. 154. 196; beruft einen Congreß nach Mantua 147. 153; sein Character 153; im Streit mit Sigismund von Tyrol und Diether v. Mainz 164; will gegen die Türken ziehen 208. 220. 222; sein Tod 222.

Planitz, Gesandter Friedrichs des Weisen, II 2, 109 ff. 113.

Platen, brandenb. Rath, III 2, 52. 105 f. III 3, 102 ff.

Plauen, Heinrich v., Hochmeister, I, 82. 214. 218.

Plauen, Heinrich v., Burggraf von Meißen, I, 451 f. 456. II 1, 33. 89. 229. 368.

Plettenberg, turcölnischer Minister, IV 3, 141. 148.

Plote, Herren v., Ministeriale, I, 30. 34. 55.

Podewils, preuß. Gesandter in Stockholm, IV 3, 83. 85; Minister 120. 181. 237. 376. 409 f.

Pöllnitz, General des Gr. Kurfürsten, III 3, 144. 147. 161; in Holland und Brüssel 264 ff. 287 f.

Pöllnitz, Baron v., seine Lebensverhältnisse und Schriften IV 4, 97.—115; seine Memoires historiques 115—126.

Pogwisch, Henning, II 1, 340.

Polen I, 80 f. 137; fordert die Neumark 214; im Krieg mit Gustav Adolph III 2, 4; mit Rußland 72. 139; seine Schwäche 145; durch Bürgerkrieg verheert (1666) III 3, 116; durch Kosacken und Tartaren angegriffen (1667) 118 f.; Unruhen bei der Wahl v. (1667) 116 ff. (1668) 159 ff.; Theilungsproject v. (1710) IV 4, 284—290; — im übrigen s. die einzelnen Könige.

Polentz, Hauptmann v., IV 2, 132 f.

Polentz, die, I, 76. II 1, 31 f. 84.

Pommern, Lehn der Markgrafen I, 19, 259. 344. 425. II 1, 31. 221. 228—230. 241. 260. 279. II 2, 104; von Joachim I. freigegeben, nur das Heimfallsrecht vorbehalten 146; Erbverbrüderung zwischen Brandenburg und Pommern 278. 331; Bestimmungen über die Succession in Pommern nach Bogislavs XIV. Tode III 1, 64; soll (1637) an Brandenburg fallen 123; seine Bedeutung für Brandenburg und Deutschland 213; der Streit über Pommern in Osnabrück 212 f.; getheilt zwischen Brandenburg und Schweden 227.

Pomponne, französ. Diplomat, III 3, 82. 84. 86 f. 119. 123. 128 f. 153 f.; im Haag 216; in Schweden 213. 249; Staatssecretair 225. 449.

Poniatowski, polnischer Kronfeldherr, IV 3, 187. 234.

Portmann, brandenb. Rath, III 2, 99 f. 103 f. 159 f.

Possevin, Jesuit, II 2, 340. 341.

Postwesen unter dem Gr. Kurfürsten III 3, 186.

Potocki, Stanislaus, poln. Krongroßfeldherr, III 2, 169.

Potocki, Primas v. Polen, IV 3, 187.

Potsdamer Edict (1685) III 3, 530.

Pradel, Marquis v., franz. General, III 3, 53 f.

Practorius, Freund Melanchthons, II 2, 329.

Prag, Friede zu (1463) II 1, 207. 209 f.; (1635) III 1, 97.—112; Besprechungen zu (1732) IV 3, 163—166.

Prager Compactaten I, 394.
Pragmatische Sanction f. Sanction.
Prebendow, polnischer Kronschatzmeister, IV 1, 184. IV 3, 17.
Prenzlau, Vertrag zu, I, 252; Tag zu (1469) II 1, 241.
Preßburg, Verhandlungen zu (1429) I, 356. 361; (1515) II 2, 62.
Preußen, unter dem Orden I, 79 f. 199. 204. 214. 218; weltliches Herzogthum II 2, 130; Joachim II. erhält die Mitbelehnung 290 f.; die brandenburgischen Ansprüche darauf 397. 410; fällt an Brandenburg (1617) 452.
Pribislaw, Slavenhäuptling in der Mark, I, 21.
Priegnitz I, 19. 33. II 1, 276.
Printzen, Marquard v., preußischer Schloßhauptmann, IV 1, 187. 196 f. 202; Oberkämmerer 231; Ilgen beigegeben 272. IV 2, 9.
Procop v. Mähren, Pfandherr der Marken I, 73; für Wenzel 155; gefangen 163.
Procop, Anführer d. Hussiten, I, 347. 356. 360 f. 375. 377. 380. 393. 395.
Procop v. Rabenstein II 1, 146.
Pruckmann, Kanzler Johann Sigismunds, II 2, 434. 476. III 1, 26. 39; sein Gutachten gegen die Allianz mit dem Kaiser 42; Gegner Schwarzenbergs 45. 47.
Pufendorff, Samuel v., III 2, 483 und öfter in den Anmerkungen. — III 3, 185. 238. IV 1, 17. 76.
Pufendorff, Esaias v., schwedischer Diplomat, III 3, 361. 602.
Pultawa, Schlacht bei (1709) IV 1, 201.
Putlitz, die, Edlen Gänse von, I, 30. 33. 55. 68. 76. II 1, 39. II 2, 134.
Putlitz, Caspar v., Erbmarschall der Marken, I, 201. 207 ff. 212. 214. 216. 251. 291.
Putlitz, Adam Gans Edler v., II 2, 410. III 1, 26.

Pyrenäischer Friede (1669) III 3, 124.
Pyrmont, Zusammenkunft zu (1681) III 3, 481.

Q.

Quadrupelallianz (1666) III 3, 106. 108. 110. 113; (von 1718) IV 2, 219. 226.
Quast, v., brandenb. General, III 2, 348.
Quedlinburg II 1, 313. IV 1, 132. 155. IV 2, 367. IV 3, 40.
Quesnoy IV 1, 253 f.
Questenberg, Rath Ferdinands II., III 1, 80.
Quirini, Vincenz, venetianischer Gesandter, II 2, 16. 20 f.
Quitzow, die von, I, 76. II 2, 33; Dietrich und Johann v. 149. 202. 209. 213. 215; Henning v. 216; ihre Bewältigung 217; Dietrichs Ausgang 218. 241. 251; Johann 298.

R.

Rabanus von Speier, Erzbischof von Trier, I, 369. 409. 435. 447.
Rabe, dänischer Admiral, IV 2, 132.
Rabutin, Graf, kaiserlicher Gesandter in Berlin IV 2, 346. 356. 369 ff. 384; in Warschau 397; in Petersburg 401 f. 437. IV 3, 7.
Raby, Lord, engl. Gesandter in Berlin, IV 1, 168. 190 f. 197 f. 215. 228 f. (als Lord Strafford); im Haag 243 ff. 261 f.; spricht im Parlament zu Gunsten Preußens IV 3, 46.
Radzivil, Boguslav v., III 2, 115; erklärt sich für Schweden 158. 167. 198. 220. 222. 225. 228; Statthalter in Preußen 293. 312. 322. 343; seine Verwaltung 383 f. 447; geht nach Warschau 426. —515. III 3, 172; — seine Tochter Louise III 3, 172. 567. 570; verlobt mit

Jacob Sobieski IV 1, 19; vermählt mit Karl v. d. Pfalz 20 f. IV 1, 173 f.

Radziwil, Stanislaus, Großkanzler v. Lithauen, III 2, 167.

Racsfeld, v., preuß. Gesandter im Haag, IV 3, 388.

Rakoczy, Fürst von Siebenbürgen, III 1, 186. III 2, 171. 239. 350. 359.

Rakoczy, Leopold, IV 1, 211. 216. 310.

Rastadt, Friedensverhandlungen zu (1713) IV 2, 78; Friede (1714) IV 2, 86 f.

Rathenow, Ueberfall v. (1675) III 3, 349.

Raule, Benjamin, brandenb. Admiral, III 3, 342. 361. 374 f. 451. 475. 616. 623.

Rebenac, franzöf. Diplomat, Gesandter in Berlin, III 3, 438. 457. 459. 469. 478. 481. 499 f. 507. 518. 532. 556. IV 4, 145 f.; sein Sohn, franzöf. Officier III 3, 409. 423 f.

Recke, v. d., preuß. Gesandter, IV 2, 329. 337. 359.

Reformation der Kirche, ihre Berechtigung. II 2, 1—29; ihre Fortschritte 168 ff.; in der Mark 184 f.

Refugiés III 3, 531. IV 1, 76.

Regensburg, Stadt, von Bernhard v. Weimar erobert III 1, 93; von Ferdinand III. wieder genommen 94.

Regensburg, Convent zu (1524) II 2, 120. 122; Religionsgespräch zu (1541) II 2, 181. 190; Kurfürstentag zu (1630) III 1, 62. 65 f.

Rei, polnischer Commissar, III 2, 384. 392.

Reichenbach, v., preuß. Resident in London, IV 2, 409. IV 3, 53. 59. 87 f.

Reichsdeputation III 2, 263. 265. 314.

Reichshofrath II 2, 234. 406. 413. 417. III 2, 106. IV 2, 326.

Reichskriegskasse IV 1, 63.

Reichskriegssteuer I, 313. 344. 350. 468; gegen die Türken II 1, 265. 267. 357. II 2, 10.

Reichsregiment, in Nürnberg II 2, 105 f. 109; nach Eßlingen verlegt 114. 119 f. 148. 150.

Reichsritterschaft, ihre Innungen I, 126.

Reichsstädte, unter König Albrecht I, 97; ihre Landfriedensbünde 110; ihr Pfahlbürgerrecht 124. 140; der Städtebund v. (1376) 133. 140; der Speirer Bund 140 f. der Städtekrieg (1388) 141; ihre Politik II 1, 13 f. 266 f. II 2, 113; der Städtekrieg (1449) II 1, 80—88; (1462) II 1, 192 f. — Anhänger Luthers II 2, 120. 170 f.; ihre Stellung nach dem Westfälischen Frieden III 3, 59 f.

Reichstag, immerwährender, III 2, 263.

Reichstag zu

Augsburg (1473), II 1, 280. 285 f.; (1474) II 1, 290; (1500) II 2, 8; (1518) II 2, 71—76; (1530) II 2, 151—154; (1547) II 2, 220 f. 466; (1555) II 2, 257. 260.

Cöln (1505) II 2, 7.

Constanz (1507) II 2, 48 55.

Eger (1437) I, 46.

Erfurt (1290) I, 97.

Frankfurt (1338) I, 109. 123. 463; (1427) I, 343. 349; (1434) I, 411 f.; (1442) II 1, 46; (1445) II 1, 56; (1446) II 1, 67. 371; (1454) II 1, 117; (1457) II 1, 131; (1461) II 1, 177; (1485) II 1, 344 ff.; (1486) II 1, 353. 355 f.

Metz (1356) I, 19.

Nürnberg (1313) I, 106; (1356) I, 119; (1399) I, 151; (1422) I, 312; (1425) I, 334; (1426) I, 341; (1430) I, 361. 367; (1431) I, 368. 375. 386; (1438) I, 439; (1444) II 1, 53; (1456)

II 1, 127; (1460) II 1, 158; (1466) II 1, 226; (1467) II 1, 232; (1480) II 1, 324; (1523) II 2, 109; (1524) II 2, 113. Preßburg (1429) I, 363 f. Regensburg (1434) I, 408; (1454) II 1, 112; (1469) II 1, 213. 377; (1471) II 1, 259 f. 261. — 269. 378; (1546) II 2, 207. 210 f.; (1575) II 2, 337 f.; (1594) II 2, 373; (1597) II 2, 377; (1608) II 2, 408; (1613) II 2, 430; (1640) III 1, 143 f. 178. 196; (1653) III 2, 70—76. 80—90; (1654) III 2, 97—107; (1662) III 2, 444; (1663) III 3, 25—33. 230—236.
Speier (1526) II 1, 131. 134. 145 f. 151.
Trier (1512) II 2, 59.
Ulm (1434) I, 408.
Wien (1424) I, 331 f.; (1429) I, 362; (1460) II 1, 165.
Worms (1495) II 2, 8; (1509) II 2, 48. 54; (1521) II 2, 92 f.

Reichsversammlung, ihre Zusammensetzung II 2, 12 f.

Reiffenberg, kurmainzischer Gesandter, III 3, 50 f. 578.

Reinstein, Grafschaft am Harz, III 3, 240.

Religionsfriede, Augsburger (1555), II 2, 265 f.; seine Bedeutung 270 f.

Renata, Tochter Franz I. v. Frankreich, II 2, 65. 70 f. 75. 119.

Renatus, Herzog v. Lothringen, II 1, 302.

Renschild, schwed. General, IV 1, 188.

Repnin, russischer General, IV 2, 156.

Restitutionsedikt III 1, 10. 12. 54. 60. 110.

Reunionskammern III 3, 456. 459. 468. 480.

Reuschenberg, v., Pfalz-Neuburgischer Feldmarschall, III 2, 32. 35. 112. 125.

Reventlow, dänischer Minister, IV 1, 212.

Rheinberg III 3, 230 f. 248. IV 1, 44 f.

Rheinbund (1658) III 2, 300—303. 501. 314 f. 327. 444. III 3, 8 ff. 29. 113. 153. 577.

Richard v. Trier, s. Greifenclau.

Richelieu, Cardinal, im Kriege gegen Spanien-Östreich in Italien III 1, 57; vermittelt einen Waffenstillstand zwischen Schweden und Polen 57; sein Verhalten zu Gustav Adolph 77 f.; seine Politik 86. 90; erlangt die Armee Bernhards von Weimar 137 f.; sein Tod 186.

Richelieu, Herzog v., IV 2, 435.

Rinsk, Vertrag zu (1655) III 1, 169. 487.

Ripperda, spanischer Minister, IV 2, 360. 366. 428.

Ritterschaft I, 28. 39.

Robinson, engl. Gesandter in Wien, IV 3, 120. 126 f. 163. 167. 197.

Rochow, die, I, 76. 209.

Rochow, Wichard v., I, 215. 224.

Rochow, von, brandenburg. Obrist, III 1, 149. 161. 163. 167 ff.

Rochow, Obrist-Lieutenant v., verhindert Friedrichs II. Fluchtversuch IV 3, 107.

Rodt, Winandt, brandenburg. Gesandter, III 1, 190. 280.

Roe, engl. Diplomat, III 1, 58.

Röder, von, preuß. General, IV 3, 241.

Rohr, Hans v., I, 423.

Roloff, Propst in Berlin, IV 3, 409.

Romberg zu Bladenhorst, clevischer Edelmann, III 2, 123. 128 f.

Romswinkel, brandenb. Rath, III 2, 250.

Roschilder Frieden (1658) III 2, 277. 290. 293. 304.

Rosenberg, Ulrich von, I, 455. II 1, 85.

Rosenberg, Wilhelm v., II 2, 331.

Rosenhane, Gesandter Karls XII., IV 1, 182 f.

Roth, Vertrag zu (1460) II 1, 161.
Roth (Rohde), Hieronymus, Schöppenmeister in Königsberg, sein Charakter III 2, 392; wiegelt gegen den Gr. Kurfürsten auf 402 f. 423; auf dem Bartensteiner Landtage Deputirter für Königsberg 410; sein Proceß 422; in Warschau 425 f.; seine Stellung in Königsberg 439 f. 447; verhaftet 448; verhört und nach Peitz gebracht 449; sein Sohn III 2, 434 f. III 3, 173. 194. 202.
Roth, Bruder des vorigen, Jesuit, III 2, 392. 425.
Rottembourg, Graf, Obrist in preußischem Dienste, später französischer Gesandter, IV 2, 83. 87. 89. 113. 117. 387. 404; seine Thätigkeit gegen den Wusterhausener Vertrag 420 f. 423. 433. 435; in Madrid 443.
Roucq, v., brandenburg. Legationsrath, III 3, 486. 528.
Rousset, Jean de, Publicist, IV 4, 12—16.
Rudolph, Graf von Habsburg, König I, 90.
Rudolph, Herzog v. Östreich, I, 123.
Rudolph II., Kaiser, — römischer König II 2, 334 f.; König v. Ungarn 337; seine Reichsverwaltung 385. 395. 422; verliert das Seniorat seines Hauses und Ungarn an Mathias 408; verliert auch Böhmen 426; sein Tod 426.
Rudolph, Kurfürst v. Sachsen, I, 153. 156. 188. 241; Eheberedung mit Burggraf Friedrich 204; gegen die Quitzow 216; zur Krönung Sigismunds 227; in Constanz 238; sein Tod 289.
Rudolph v. Breslau s. Lavant.
Rudolph August von Braunschweig III 3, 313.
Rügen, Insel, III 3, 409 f. 421 ff. IV 4, 142 f.
Ruhmohr, General, III 3, 409.
Ruppin, Grafschaft, II 2, 68.

Ruppin, Grafen v., II 2, 49.
Ruppin, Herrmann v., I, 250. 253.
Ruprecht II., Kurfürst von der Pfalz, I, 147. 153.
Ruprecht III. Klemm, Kurfürst v. d. Pfalz, I, 153; seine Wahl zum römischen König 157; Zug nach Italien 160; Niederlage bei Brescia 162; seine Reichsregierung 166; sein Ausgang 187. —464.
Ruprecht von der Pfalz, Bischof von Regensburg, II 1, 131. 133; Erzbischof von Cöln 205. 215. 256. 289. 292. 302.
Ruprecht, Pfalzgraf, Schwiegersohn Georgs von Baiern, in der Acht II 2, 16. 19.
Russel, Lord, engl. Diplomat, III 3, 412.
Rußland, sein Wachsthum II 2, 313. 401. III 2, 4. 139. 209 ff. 455. III 3, 154.
Rutowski, Graf, Sohn Augusts II., IV 3, 15.
Ruyter, de, holländ. Admiral, III 2, 245. 323. 325. 332. 334. 341. 348. 354. 358 f. III 3, 77. 263. 371.
Ryssel, Tag zu (1475) II 1. 303.
Ryswick, Frieden zu (1697) IV 1, 110. 112 f.

S.

Sabinus, Georg, II 2, 290.
Salamanca, Rath Ferdinands I., II 2, 111. 119. 123.
Salvius, Adler, schwedischer Diplomat, III 1, 82. 128. 140. 144. 166. 183. III 2, 138.
Salzburger, Evangelische, von ihrem Erzbischof bedrückt IV 3, 156 ff.; wandern nach Preußen aus 160 f.
Sanctio pragmatica Germanorum (1439) I, 441.
Sanctio, Pragmatische von (1713) IV 2, 342. IV 3, 23. 35 ff. 127. 129. 134. 140 f.
Sapieha, Paul, polnischer Magnat, III 2, 145. 148. 419. 453.

Sarpi, Paul, II 2, 401. 418. 420. 444.

Sauusheim, Eberhard v., I, 437. 411. 470.

Sauveterre, franzöſ. Secretair in Berlin, IV 3, 62. 83.

Sayn-Wittgenstein, Johann von, brandenb. Rath, auf dem Congreß zu Osnabrück III 1, 210. 212. 216.

Schärtlin, Sebaſtian, II 2, 115. 212. 235.

Schaffgotſch, Graf, öſtreich. Geſandter, III 3, 165. 175.

Schaub, Lucke, diplomatiſcher Agent, IV 3, 118 f. 132. 139. 151.

Schaumburg, Hannibal v., kaiſerlicher General, III 1, 69.

Schenkenſchanz, Feſtung, III 3, 293. 312. 469.

Schenkenſchanz, Gefecht bei (1635) III 1, 103.

Schisma (1378) I, 135; (1439) I, 412. II 1, 21. 46.

Schleswig-Holſtein, an Dänemark (1459) II 1, 161. 177. II 2, 49; getheilt unter die Söhne Chriſtians I. II 2, 49. 199; Brandenburgiſche Anſprüche darauf 53. 69. 104. 156. 279 f.

Schlick, Caspar, Kanzler, I, 404. 410. 420 f. 439. II 1, 52. 65.

Schlick, Graf, Obriſtkämmerer, II 2, 415 f.

Schlieben, Euſtachius v., II 2, 264. 317.

Schlieben, v., preuß. Landrath, III 2, 399. III 3, 201. 204. 209.

Schlieben, v., preußiſcher Rittmeiſter, III 2, 406.

Schlippenbach, Graf, Geſandter Karl Guſtavs v. Schweden, III 2, 141. 147. 155 f. 158. 177. 216. 221 f. 227. 233. 250. 271. 290. 443.— 504.

Schlippenbach, Graf, preuß. Oberſchenk, IV 1, 190 f. IV 2, 54 f.; zu Peter d. Gr. geſchickt 78 278; zu Karl XII. 106 f.

Schloßgeſeſſene I, 36.

Schlüter, Andreas, IV 1, 166.

Schmalkaldener Bund (1531) II 2, 154. 159.

Schmalkaldener Krieg (1546) II 2, 208—217.

Schmettau, Wolfgang v., brandenb. Rath, IV 1, 29 f.; in London 38; in Ryswick 112 f.; im Haag (1718) 217.—303.

Schönberg, Dietrich von, Geſandter Joachims I., II 2, 126. 129. 461.

Schönberg, Caspar, II 2, 353.

Schönborn, Damian, Graf, Landcomthur IV 1, 268; in Berlin (1713) IV 2, 36. — 39. 52 f.; Cardinal IV 2, 256; ſein Bruder Friedrich Karl, Reichsvicekanzler IV 2, 68. 72 f. 252. 330 f. 449. IV 3, 20; Biſchof von Bamberg und Würzburg 247.

Schöning, Hans Adam v., brandenburg. General, III 3, 363. 375. 422. 435. 535 f. 540. 556; im Streit mit Marſchall Schonberg IV 1, 19; am Niederrhein gegen Ludwig XIV. 44. 46 f.; verabſchiedet 47; in ſächſiſchen Dienſten 79 f. 82; auf den Spielberg gebracht 84.

Schonberg, franzöſ. Marſchall, III 3, 24. 371. 514. 516; verläßt Frankreich 530; im brandenburg. Dienſt 537. 550. 556; im Streit mit Schöning IV 1, 19; im Dienſte Wilhelms III. 26; in England 39; gegen Jacob II. in Irland 58; fällt an der Boyne 65.

Schorr, brandenburg. Obriſtwachtmeiſter, III 3, 357.

Schulenburg, die, I, 76. 212.

Schulenburg, Dietrich v., I, 71.

Schulenburg, Werner v., III 1, 158. 276.

Schulz, ſchwediſcher General in Wismar, IV 2, 156.

Schwalbach, kurmainziſcher Geſandter, III 1, 201.

Schwanenorden II 1, 41 f.

Schwarzenberg, Graf Adam v., in

Cleve II 2, 411. 419. 475; mit Georg Wilhelm nach Berlin III 1, 24; als Gesandter Georg Wilhelms nach Warschan 26; seine Politik u. sein Character 29 f. 31 f.; widerräth das Bündniß mit Gustav Adolph 33. 41. 58; unterhandelt mit Bethlen Gabor 37 f.; Führer der kaiserlichen Partei am Hofe 45; bricht die Macht des Geheimraths 47 f.; Besprechung mit Wallenstein 52; in Wien 52; schließt den Düsseldorfer Vertrag (1629) 55; von Berlin entfernt 82; kommt nach Gustav Adolphs Tode zurück 90. 267; unterhandelt mit Kursachsen wegen Beitritt zum Prager Frieden 105 f.; bei der Wahl Ferdinands III. 120; Statthalter in der Mark (1638) 131. 147. 149; sein Verhältniß zum Kurprinzen 147. 149. 158 ff.; verliert nach Georg Wilhelms Tode seinen Einfluß 162; sein Tod 163. 276; — sein Sohn

Schwarzenberg, Graf Johann Adolph, III 1, 149. 166 f.; flieht aus Berlin 168 f. 277; sein Proceß 171; in Frankfurt 202.

Schweden, die, wollen Hinterpommern nicht herausgeben III 2, 5 f.; ihr Verfahren auf dem Regensburger Reichstage (1653) 73; ihre Erwerbungen im Westfälischen Frieden 132; fallen in die Marken ein (1675) 338 ff.; müssen sie nach der Schlacht bei Fehrbellin räumen 351 f.; fallen in Preußen ein (1678) 432; — im übrigen s. die einzelnen Regenten.

Schwedt, Conferenzen zu (1713) IV 2, 49; Vertrag zu (1713) IV 2, 58 ff.

Schweiz I, 225; im Kampf gegen Karl d. Kühnen II 1, 306 f.

Schweizer Bauern, gegen Zürich II 1, 15. 48 f.; gegen die Armagnaken 52; gegen Kaiser Friedrich III. 58. 82.

Schwendi, preuß. General, IV 2, 133.

Schwendy, Lazarus v., II 2, 253. 334.

Schwerin, Otto von, III 1, 192. III 2, 51; Ober-Präsident 52. 147. III 3, 539; unterhandelt in Stettin mit Oxenstjerna III 2, 156; folgt Karl Gustav nach Fürstenau 158; bis Krakau 175; unterhandelt mit ihm in Frauenburg 221 ff. 227. 234; bei Karl Gustav in Flensburg 294; in Preußen bei dem Aufstand der Stände 395—433.

Schwerin, Otto v., der Jüngere, Gesandter in Paris, III 3, 119. 121; in Cöln 298; in Wien 495 f.

Schwerin, v., brandenburg. General, III 3. 358. 362 f. 372 f. 376.

Schwerin, v., preuß. Geheimrath, Resident in Warschau, IV 2, 362. 396.

Schwerin, Curt v., General, IV 2, 253. 397; rückt in Mecklenburg ein IV 3, 223 ff.

Schwetzinger Bund IV 3, 18.

Schwiebusser Kreis III 3, 528. 534. 553. IV 1, 99 f. IV 4, 162 f. 174 ff. 184 ff.

Seckendorff, Ehrenfried v., I, 183. 228. 242. 288. 467.

Seckendorff, Veit von, III 3, 578. IV 1, 76.

Seckendorff, Graf, sächsischer General, östreichischer Gesandter IV 2, 141. 183. 342. 344. 358. 368. 375; in Berlin wegen des Wusterhausener Vertrages 414 ff. 423 f. 430. 434 ff. 439. 446; in Wien (1728) IV 3, 10 ff.; seine Stellung am östreichischen Hofe 20 f.; zu Friedrich Wilhelm I. 21 f.; unterhandelt mit diesem in der Jülichschen Successionsfrage 23 ff. 28 ff.; der Abschluß 35.—41; in Berlin wegen Mecklenburg und Hannover 57 f. 71; begleitet Friedrich Wilhelm I. auf seiner Reise ins Reich 104; soll den König zur Verzichtleistung auf Düsseldorf bewegen 149 f. 175 f.

150 f.; reist nach Kassel, Hamburg, Copenhagen 149 f. 153; nach Prag 162; entwirft den Löwenwolder Vertrag 171; als östreichischer General in dem Feldzuge (von 1735) 267. 269 f.; in Wien in Mißcredit 282. IV 1, 434 ff.; zum Oberfeldherrn im Türkenkriege ernannt 1736) 297; sucht Preußen dazu zu gewinnen 297 f.; wird von den Türken geschlagen 322; wird ins Gefängniß gebracht 322 f.

Seckendorff, Baron v., Nachfolger des vorigen in Berlin IV 3, 383.

Segur, Jacob, Gesandter Heinrichs v. Navarra, II 2, 347. 472.

Sehestedt, dänischer Viceadmiral, IV 2, 132 f. IV 4, 315 ff.

Seidel, brandenb. Rath, III 2, 51.

Seilern, Baron, östreichischer Diplomat, IV 1, 98.

Sennef, Schlacht bei (1674) III 3, 320.

Servien, französ. Diplomat, III 1, 251.

Sesselmann, Friedrich, Bischof von Lebus, II 1, 41. 277. 336. 365.

Sevilla, Vertrag zu (1729) IV 3, 75.

Sibylla, Tochter Wilhelms v. Jülich-Cleve, II 2, 368. 374.

Sickingen, Franz v., II 2, 70. 73. 77. 92. 107 f. 110.

Sievershausen, Schlacht bei (1552) II 2, 256.

Sigismund, Markgraf zu Brandenburg 1378), I, 72; König von Ungarn 73. 80. 131. 137; sein Einfall in Polen 82; sein Character 136; von Wenzel zum Reichsverweser ernannt 145; bei Nicopolis von den Türken besiegt 145; gegen Wenzel 155 ff.; im Aufstande der Ungarn gefangen 158. 160; befreit, für Wenzel 162; Wittwer 163; Erbvertrag mit Östreich (1402) 164; Reformen in Ungarn 166; seine Wahl im Reich 185 ff.; Jost Gegenkönig 192; zweite Wahl 197; giebt die Marken an Burggraf Friedrich 200; verlobt seine Tochter mit Albrecht von Östreich 205; im Krieg mit Venedig 224. 275; zur Krönung nach Aachen 226 ff.; in Constanz 246 ff. 260. 270 f.; zu Benedict XIII. 249. 257; in England 257 f.; gegen die Hussiten 295. 361; seine Politik 335; unterhandelt mit den Hussiten in Eger 377; in Italien 384; empfängt die eiserne Krone 385; zum Kaiser gekrönt 391; in Basel 406; in Frankfurt 411; zieht in Prag ein 414; in Eger (1437) 417; sein Tod 419. — Sigismunds sogenannte Reformationen II 1, 310.

Sigismund, Herzog v. Tyrol, II 1, 53. 55. 58. 143. 164. 179. 197. 210. 254. 291. 307. 343. 362.

Sigismund, Bischof von Würzburg, Bruder Friedrichs des Sanftmüthigen, II 1, 31 f.

Sigismund, Sohn Joachims II., Erzbischof v. Magdeburg, II 2, 263. 286. 291. 301.

Sigismund, Statthalter der Mark, s. Joachim Sigismund.

Sigismund II., König von Polen, II 2, 51. 60; Vertrag mit Maximilian I. 62. 137. 159. 215. 219. 258. 313 f.; sein Tod 331.

Sigismund III., Kronprinz v. Schweden, II 2, 344; König von Polen II 2, 353. 394. 399; gegen Gustav Adolph 450; sein Tod III 1, 81.

Siltmann, v., preuß. Obrist, IV 1, 201. 213. 308.

Sinklair, Bielefeld von, schwedischer Obrist, IV 3, 374 f.

Sinzendorf, Graf, östreich. Diplomat, zuletzt Hofkanzler, III 3, 109. 111. IV 1, 190. IV 2, 28 ff. 302. 431. IV 3, 20. 273. 311. 323. 403.

Sinzheim, Gefecht bei (1674) III 3, 318.

Sirk, Jacob, Erzbischof von Trier, I, 147. II 1, 46. 54. 58. 66.

74. 117. 119; in Neustadt 123 f.; sein Tod 126—370.

Sixtus IV., Papst, II 1, 262. 301.

Skalich, Minister Albrechts v. Preußen, II 2, 305 f.

Slaven I, 17. 21; ihr Recht 42; Erhebung der 83. 86.

Sobieski, Johann, polnischer Kronmarschall, III 3, 116. 157. 164; schlägt die Türken bei Chozim 305; zum König v. Polen gewählt 315 f.; sein Verhalten zu Brandenburg 345 f. 368 f. 378. 417 f. 472; zieht gegen die Türken vor Wien 504; befreit Wien 508; Unruhen gegen ihn 567; sein Tod IV 1, 108; — seine Tochter IV 2, 228; sein Sohn:

Sobieski, Jacob, verlobt mit Louise Radziwil IV 1, 19. IV 4, 173; anderweitig vermählt 61; von August II. gefangen genommen 178.

Soester Fehde gegen Dietrich von Cöln II 1, 49. 80.

Soissons, Congreß (1728) IV 3, 18 f. 28. 45. 47.

Soldin, Vertrag zu (1466) II 1, 229.

Soliman, Sultan, II 2, 133. 135.

Somnitz, brandenburgischer Rath, III 2, 176. 337. 458 f. III 3, 135. 380. 539.

Sonderburg III 2, 310.

Sonsfeld, Fräulein v., IV 4, 55 ff.

Sophie, Gemahlin Wenzels v. Böhmen, I, 286 f. 302. 306.

Sophie, Tochter Friedrichs v. Liegnitz, II 2, 206.

Sophie, Kurfürstin von Hannover, III 3, 543. IV 1, 121. 150; — ihre Tochter

Sophie Charlotte, Gemahlin König Friedrichs I. von Preußen, III 3, 519. 543. IV 1, 150. 186.

Sophie Dorothea, Gemahlin Friedrich Wilhelms I., IV 2, 230. 354. 381. 418. 420 f. IV 3, 41 f. 89.

Sophie Louise v. Mecklenburg, dritte Gemahlin Friedrichs III., IV 1, 271. 323.

Souches, de, östreich. General, III 2, 338 f. 342. 348. III 3, 34. 42. 319 f. 334.

Sourdis, französ. General, IV 1, 44.

Southwell, englischer Gesandter, III 3, 470. 472. 476.

Spaen, brandenburg. General, III 3, 278 f. 289. 312. 335. 344. 354. 411. 430. 440; schlägt die Franzosen bei Brackwede 447; bei Wilhelm III. 566.

Spanheim, Ezechiel, brandenb. Gesandter in Paris, III 3, 500. 521. 527. IV 1, 32. 76. 130. 160.

Spanien, erklärt (1673) an Frankreich Krieg III 3, 304; (1683) III 3, 509; die Successionsfrage (1700) III 3, 521; Spanischer Erbfolgekrieg, Ursache 159 f.; große Allianz 160; — im übrigen s. die einzelnen Regenten.

Sparr, Otto v., brandenb. Generalfeldzeugmeister, III 2, 26. 56. 91. 102. 141. 174; bei Warschau 207; gegen die Türken III 3, 41; besetzt Magdeburg 102. 104.

Sparre, Freiherr von, schwedischer Diplomat, IV 2, 89 f. 92.

Species facti von (1736) IV 3, 283. IV 4, 434—463.

Speckhaus, schwed. Rath, III 3, 112.

Spener, Philipp, Theologe, IV 1, 76.

Spinola, spanischer Feldherr, II 2, 427. 431. 442. III 1, 14.

Spinola, Ludwig, III 2, 480.

Spiring, Peter, Kaufmann, III 1, 131 f. 173. III 2, 284.

Spiring, Abraham, Kaufmann, III 1, 173.

Spörken, v., hannöv. Geheimrath, IV 2, 182.

Spork, östreich. General, III 2, 306.

Staaten, General-, ihr Verhalten zu Brandenburg III 1, 249; in inneren Unruhen III 2, 9 f.; halten die Festungen in Cleve besetzt III 1, 48 f.; schließen mit dem Gr. Kurfürsten ein Bündniß gegen Schweden

III, 2, 158 f.; unterstützen die clevischen Stände 242 ff.; gegen Karl Gustav 307 ff.; ihr Verhalten zu Wilhelm III. III 3, 16 ff.; zum Reich 61—64; zu Brandenburg 64—68. 219 f.; im Kriege mit England (1665) 69 f. 74. 106; im Kriege mit Münster 77 ff. 94 f.; ihre Politik 213 f.; ihre handelspolitische Stellung 218 f.; rüsten (1670 u. 71) gegen Frankreich 222. 228; besetzen Cöln (1671) 230. 247; im Kriege mit Ludwig XIV. und Karl II. (1672) 248.—425; im Bündniß mit Brandenburg 254 f.; überall geschlagen 262 ff.; schließen den Frieden zu Nymwegen im spanischen Erbfolgekriege IV 1, 160 ff.; schließen den Frieden zu Utrecht IV 2, 28—32; ihre Lage nach dem Frieden 180 f.; suchen eine Einigung in der Jülich'schen u. Ostfriesischen Frage herbeizuführen IV 3, 288 ff.; setzen sich in Ostfriesland fest 301; fassen Resolutionen über die Erbfolge in Cleve-Jülich-Berg 303. 308. 314. 317 f. 320. 336.

Stade III 3, 357. 375. IV 1, 267.

Stadion, Graf, Bischof v. Augsburg, II 2, 112.

Stadion, Graf, Diplomat, beim Congreß zu Utrecht IV 2, 35.

Städte in den Marken, Gründung I, 55; immediat 56; im Hansabund 57; in den Landständen 69. 269; unter Albrecht Achilles II 1, 274 f. 337 f.; ihre Reformation durch Joachim I. II 2, 39. 41. 205. 318; unter Johann Georg 322; unter Joachim Friedrich 392; unter dem Gr. Kurfürsten 178. 278.

Städte s. Reichsstädte.

Städtekrieg in Flandern, Frankreich, Deutschland I, 139. II 1, 15; von (1449) II 1, 80. 86. 88; von (1462) II 1, 192 f.

Städtetag in Ulm II 1, 81.

Stände in der Mark I, 59. 64. 67.

221. II 2, 8. 201.—204. 388. III 1, 51; unter dem Gr. Kurfürsten 177 f. 253. III 2, 118 ff. 136. 214. III 3, 187 ff.

Stände in Preußen, unter Albrecht II 2, 305. 470; unter Albrecht Friedrich II 2, 399. III 1, 22; unter Georg Wilhelm III 1, 25; unter dem Gr. Kurfürsten 171 f. 176. 252. III 2, 161.—166. 381. —442. 450.—454. III 3, 191.— 212.

Stände in Cleve III 1, 22. 221. 225. 251. III 2, 11. 27. 122.— 130. 163. 214. 242 ff. 375.— 380. III 3, 211 f.

Staff, v., General-Major, IV 2, 46.

Staffarda, Schlacht bei (1690) IV 1, 68.

Stalhandsch, schwed. General, III 1, 151. 160 f. 179. 181.

Stanhope (Lord Harrington), engl. Staatssecretair, IV 2, 99 f. 202. 301 f. 309. IV 3, 75. 84; Minister 100.

Stargard, Ulrich v., I, 251 f.; Heinrich v., II 1, 85.

Starhemberg, Graf, östreich. General, III 2, 102. 172.

Stechow, Dietrich v., Bischof, II 1, 41.

Steenbock, schwed. General unter Karl Gustav, III 2, 160. 175. 177. 222. 225. 227. 248. 348.

Steenbock, General Karls XII., in Elbing IV 1, 178; in Stralsund 268 f.; siegt bei Gadebusch 270; verbrennt Altona 270; in Tönningen 270. IV 2, 44 f.

Steenkerken, Schlacht bei (1692) IV 1, 85.

Steger, Franz, Propst in Berlin II 1, 41.

Stein, Jürgen v., II 1, 254. 277. 301. 311. 317. 320. 348.

Stein, Eitelwolf v., II 2, 33. 48. 55 f. 456.

Stellmeiser I, 71. 73. 461.

Stendal I, 55. II 1, 29. 275. II 2 160.

Stephan, Herzog v. Baiern, Statthalter in Schwaben, I, 110; gegen Karl IV. 113; auf der Wahl von (1411) 197.

Stephan, Bischof von Brandenburg, II 1, 29. 41.

Stephan Bathory II 1, 322.

Stephan Bathory, König v. Polen, II 2, 339 ff. 353.

Sternberg, Sdenko v., II 1, 141. 146. 186. 223, 241.

Sternberg, Graf, Mitglied der östr. Gesandtschaft in Berlin, IV 1, 20.

Stettin, Festung, belagert (1677) III 3, 392 f. 394 f.; capitulirt 396 f. 624; belagert (1713) IV 2, 54.—56; capitulirt 57.

Stettin, Friede zu (1570) II 2, 304. 312; Verhandlungen zu (1642) III 1, 179. 182 f.; (1643) III 1, 187; Conferenzen zu (1655) III 2, 154.—157.

Stettin, Herzöge von, I, 241. 252. 333. II 1, 79. 163. 221.—377.

St. Georgs-Ritterbund I, 126. 343. 379. 382. II 1, 215. 264.

St. Geran, französ. Gesandter, III 3, 247. 250 ff.

St. Germain, Frieden zu (1664) III 3, 449 ff.

St. Ghislain III 3, 409.

St. Gotthardt, Schlacht bei (1664) III 3, 44.

St. Jacob, Schlacht bei (1444) II 1, 52.

St. John, engl. Gesandter, III 2, 11.

Stibor v. Siebenbürgen I, 197.

Stockholmer Blutbad f. Christian II.

Stockholm, Vertrag zu (1641) III 1, 169. 179. 182; Friede zu (1719) IV 2, 272.—278.

Stockholmer Allianz (1724) IV 2, 359.

Stolberg, Graf, IV 3, 309.

Stolbowa, Frieden zu (1617) II 2, 451.

St. Omer, Festung, III 3, 389.

St. Pierre, Abbé, IV 3, 367.

St. Pol, Condés Neffe, III 3, 199.

Strafford, Lord, f. Raby.

Strahlendorf, v., Vicekanzler, sein Gutachten in der Jülichschen Frage II 2, 413. III 1, 19. IV 2, 256. IV 4, 243.

Stralsund, von Wallenstein belagert III 1, 53. 55; vom Gr. Kurfürsten erobert III 3, 424; von Friedrich Wilhelm I. (1715) überfallen IV 2, 140 f.; belagert 143 f. IV 4, 349 ff.; genommen IV 2, 145.

Straßburger (Bischofs-) Streit (1592) II 2, 369 f. 396.

Straßburg, Reichsstadt, nimmt die Kaiserlichen auf (1674) III 3, 322; von den Franzosen besetzt 443 459. 465. 476. 480. 482.

Straßen, v. d., Rath Joachims II., II 2, 287.

Stratner, Jacob, II 2, 185.

Strattmann, pfalz-neuburgischer, dann kaiserl. Kanzler, III 3, 289. 291 f. 400 f. 483. 497. 533. IV 1, 92 f. 96. 98.

Strauch, Pastor in Danzig, III 3, 346. 368. 418.

Stridonius, Martin, Jesuit, IV 4, 244.

Striepe, brandenburg. Rath, III 1, 192. III 2, 47. 50.

St. Saphorin, englischer Diplomat in Wien, IV 2, 187 f. 213. 237. 309. 332. 334. 339 f. 427.

Stuhm, Gefecht bei (1629) III 1, 56.

Stuhmsdorf, Verhandlungen zu (1635) III 1, 103. 114.

Sture, die, in Schweden II 2, 50.

St. Vincent, Seegefecht bei (1681) III 3, 479.

Styrum, Graf, III 3, 63 f.

Suhm, sächsischer Resident in Berlin, IV 2, 368. IV 3, 43. 62. 65. IV 4, 398 f.

Sulzbach, Pfalzgraf v., III 2, 304. 307. 348. IV 2, 419 f. 451 ff. IV 3, 25 f.

Sund, Seeschlacht im (1658) III 2, 308.

Sunderland, engl. Minister, IV 2, 202

Sutton, Obrist, engl. Gesandter in Berlin IV 3, 29.

Svantibor, Herzog von Pommern, Hauptmann der Mittelmark I, 76. 207.

Svartero, Schlacht bei (1565) II 2, 299.

Sydow, brandenb. Obrist, III 3, 325.

Szalankemen, Schlacht bei (1691) IV 1, 80.

T.

Tachau, Schlacht bei (1427) I, 345. 468.

Tallard, franz. Marschall, IV 1, 181.

Tangermünde I, 70.

Tannenberg, Schlacht bei (1410) I, 82.

Taus, Schlacht bei (1431) I, 381. 469.

Tecklenburg, Grafschaft, IV 2, 328. 339. 356. 367. IV 3, 11. 40.

Temple, William, III 3, 145 f. 217. 407. 415.

Terlon, v., französ. Diplomat, III 2 329. 334 f. 358. III 3, 73. 344.

Tettau, preuß. Landrath, III 2, 398.

Tetzel, Johann, II 2, 90.

Theatrum Europaeum IV 4, 18.

Theilungsvertrag (von 1698) IV 1, 131; (von 1699) IV 1, 134. 143 f.

Thomas, Bischof von Bologna, II 1, 56. 62. 67 ff.; als Papst f. Nicolaus V.

Thomasius, Christian, IV 1, 75.

Thorn, Stadt, polnisch II 2, 63.

Thorn, Friede von (1411) I, 82; (1466) II 1, 227 f.

Thorner Bluturtheil (1724) IV 2, 361.

Thulemeier, preuß. Geheimrath, IV 2, 351. IV 3, 61 f. 184. 236. 329.

Thurn, Graf, Führer der böhmischen Bewegung (von 1618) III 1, 80.

Tieffenbach, östreich. General, III 1, 76.

Tilly, Feldherr der Liga, III 1, 37. 49. 53 f. 66 f.; gegen Gustav Adolph 70 f. 75; gegen Magdeburg 71.—73; gegen Kursachsen 75 f.; bei Breitenfeld geschlagen 76; sein Tod 77.

Tilly, mecklenburg. General, IV 3, 221 f. 224.

Tina, Bischof v., III 3, 232.

Tirlemont, Vertrag v. (1654) III 2, 102.

Tocke, Heinrich, Kaplan Friedrichs v. Brandenburg, I, 388. 393. II 1, 43. 61.

Tökely, ungarischer Rebell, „König der Kuruzen" III 3, 484. 492 f. 528. 560.

Tönnemann, Jesuit, IV 2, 234.

Tönningen, Festung, IV 1, 270. IV 2, 44. 69. 74. 81.

Toland, englischer Publicist, IV 1, 301.

Tolstoy, russischer Diplomat, IV 2, 264 f.

Torcy, Marquis, franz. Minister, IV 1, 223. IV 2, 136. IV 4, 272 f.

Torgau, Verhandlungen zu (1632) III 1, 83; Zusammenkunft zu (1664) III 3, 38.

Torgauer Bündniß (1526) II 2, 312.

Tornow, brandenb. Rath, III 2, 52.

Torstenson, Leonhard, schwedischer General, III 1, 114; mit Banner vereinigt 115; übernimmt den Oberbefehl 179; rückt in Schlesien ein 180 f.; in Mähren 186. 188. 191; siegt bei Leipzig 186; zieht gegen die Dänen 188; in Holstein 199.

Tott, Graf, schwed. Gesandter, III 3, 12.

Townshend, Lord, engl. Minister, IV 2, 186. 346. 354 f. 378. 408. 440. IV 3, 46. 51. 53. 59. 80. 100.

Trautmannsdorf, Graf, östreichischer Diplomat, unterhandelt mit Sachsen (1634) III 1, 96; in Regensburg 144; in Osnabrück 211 f.; in Münster 215. 226. 230.

Travendahl, Friede zu (1700) IV 1, 141.

Treptow, Landtag zu (1532) II 2, 160.
Trevor, englischer Gesandter im Haag, IV 3, 341. 355.
Triebsees, Festung, III 3, 357. 372. 374.
Trier, Zusammenkunft zu (1473) II 1, 288. 379.
Trier, Kurfürst v., im 30jähr. Kriege von den Franzosen gefangen genommen III 1, 98, 110.
Tripelallianz (1668) III 3, 149. 152. 167. 214 f.; (1716) IV 2, 186.
Trithemius, Abt, II 2, 28. 32. 34 f.
Tromp, Cornelis de, holländ. Admiral, III 1, 142. III 3, 74. 106. 373. 394.
Truchseß, Albrecht, v. Wetzenhausen, II 2, 306.
Truchseß, Gerhard, Erzbischof von Cöln, II 2, 346. 354.
Truchseß, Karl, Graf, IV 2, 197.
Truchseß, Graf, preuß. Obrist-Lieutenant, IV 3, 52.
Türken, ihr Vordringen in Europa I, 285. 445. II 1, 117. 125. 246. 252. 322. II 2, 148. 299. 377; erobern Constantinopel II 1, 101; in Italien II 1, 323 f.; fallen mit Zapolya in Östreich ein II 2, 135. 147; Rüstung zum Kriege gegen sie II 1, 124. 263. II 2, 71. 193; dringen bis nach Mähren vor 455. III 3, 26 f. 33. 36; Krieg gegen sie (1664) III 3, 42 ff.; kommen bis in die Nähe von Lemberg 295; bis vor Wien (1683) 501 ff. 508; ihr Zurückweichen 517. 536. IV 1, 27. 113. IV 2, 227; Krieg gegen sie (1737) IV 3, 322 f.; (1738) IV 3, 353. 372. 378.—380.
Türkheim, Gefecht bei (1675) III 3, 332.
Turenne, französ. General, III 1, 191. 218 f. 232; mit Wrangel vereint 240; gegen Spanien III 2, 13; wird katholisch III 3, 218; gegen den Gr. Kurfürsten 269 f.

273. 280 ff. 290; gegen den Kaiser 317 f.; verwüstet die Pfalz 320; greift Bournonville bei Ensheim an 323; marschirt ab 326; kehrt um 328 f.; schlägt Bournonville 330; fällt bei Saßbach 355.
Turnow, brandenburg. Jurist, III 2, 117.
Tuttlingen, Schlacht bei (1643) III 1, 199.

U.

Uckermark I, 19; zum Theil an Pommern 212.
Uerdingen, Gefecht bei (1689) IV 1, 44.
Uhlefeld, Graf, kaiserlicher Gesandter im Haag, IV 3, 315. 318. 333. 336.
Ulrich, Herzog v. Mecklenburg, I, 227.
Ulrich, Herzog v. Würtemberg, II 1, 144. 161. 181. 191. II 2, 56. 65. 70. 77. 82. 88. 94. 115. 123. 145. 158.
Ulrike Eleonore, SchwesterKarlsXII., IV 1, 175. IV 2, 75.
Union der Evangelischen (1608) II 2, 408 f. 431. 444. 446; ihr Verfall III 1, 27.
Union, kirchliche, in Brandenburg II 2, 435. III 1, 238. III 3, 184.
Unna, Stadt, III 3, 280 f.
Unverfährt, Kanzler v. Halberstadt, IV 1, 119. 130. 163.
Urban VI., Papst, I, 134.
Usedom, Insel, von Karl XII. besetzt IV 2, 120 f. IV 4, 364.—366.
Utrecht, Friedenscongreß (1712) IV 1, 249. 255 f. 261 ff.; Abschluß des Friedens IV 2, 28.—32.

V.

Valenciennes, Festung, III 3, 389.
Valory, französ. Gesandter in Berlin, IV 3, 376. 389 f.
Vane, Heinrich, holländischer Gesandter, III 3, 81 f.
Vasselheim, Feste im Elsaß, III 3, 324 f.
Vasvar, Friede zu (1664) III 3, 45.

Baubrun, franzöſ. Geſandter, III 3, 177.
Banguyon, Graf, franzöſ. Geſandter, III 3, 262 f. 267. 269.
Bautorte, franz. Diplomat, III 2, 96.
Venedig I, 161. 193; im Krieg mit Sigismund 224. 275; ſchließt (1479) Friede mit den Türken II 1, 320; im Krieg mit Maximilian I. II 2, 48. 54; ſiegreich gegen die Türken (1684) III 3, 517.
Verjus, Graf, franzöſ. Geſandter in Regensburg u. Berlin, III 3, 242 f. 245. 301. 308. 311 f. 316 f. 515 f. 549. 599.
Verne, de la, Graf, franz. Agent in Hamburg, IV 1, 238. 250 f. 317. IV 1, 300.—305.
Vernon, engl. Admiral, IV 3, 394.
Victorin, Sohn von Georg Podiebrad, II 1, 236. 241. 249.
Villars, franz. Marſchall, IV 1, 252. 254 f. IV 2, 65. IV 3, 277.
Villeneuve, franz. Geſandter in Conſtantinopel, IV 3, 372. 380.
Villeroy, franzöſ. Marſchall, IV 1, 105.
Birmont, kaiſerl. Geſandter, IV 2, 140. 155.
Voge, Otto, Bürgermeiſter v. Stralſund, II 1, 110.
Vogt (advocatus) I, 34. 36.
Volkmar, brandenb. Obriſt, III 1, 168.
Volmar, öſtreich. Diplomat, III 2, 99. 107. 150. 159. 276. 327.
Vorbehalt, geiſtlicher, II 2, 266.
Voſſe, kaiſerl. Geſandter in Berlin, IV 2, 231. 293. 298. 331 f. 344 f.
Voſſem, Friede von (1673) III 2, 293.
Vota, Jeſuit, IV 1, 110. 142. 158. IV 4, 218 ff.; ſeine Denkſchrift über die preuß. Königswürde IV 4, 221.—233.

W.

Wachtmeiſter, ſchwediſcher Contre-Admiral, IV 2, 120. 124.

Wackerbarth, Graf, ſächſiſcher General, IV 2, 142 f. 281.
Wager, engliſcher Admiral, IV 2, 427.
Waldeck, Friedrich v., General, III 2, 19. 466. 33 f.; tritt in den brandenburg. Dienſt 50. 52. 471; Chef der Militair-Verwaltung 56 f.; ſeine antiöſtreichiſche Politik 66. 114. 142. 251. 292. 479; will Bremen gegen Schweden unterſtützen 110; empfiehlt ein Bündniß gegen Polen 142. 149; unterhandelt in Stettin mit Schweden 154 ff.; räth zu Rüſtungen in Preußen 161 f.; geht nach Preußen 164. 175. 222; am Lyf geſchlagen 225; in ſchwediſchen Dienſten 292. 307. 342. 359. beim braunſchweigiſchen Heere III 3, 110; in Wien 341. 486. 509. 521; im Haag IV 1, 38. 44 f.; bei Fleurus geſchlagen 65.
Waldeck, Joſias v., brandenburg. General, III 2, 254.
Waldegrave, engliſcher Geſandter in Wien, IV 3, 29. 50.
Waldemar, Markgraf, Umfang ſeiner Graffſchaft I, 19.
Waldemar der Falſche I, 20. 113.
Waldenſer III 3, 185.
Waldow, Johann, Biſchof v. Brandenburg, I, 227. 246.
Waldow, Rüdiger v., brandenburg. Obriſt, III 1, 133.
Waldow, Sebaſtian v., Schloßhauptmann, III 1, 164. 167.
Wallenrodt, v., Hofmeiſter Schwarzenbergs, III 1, 169.
Wallenrodt, v., preuß. Oberrath, III 2, 384 f.
Wallenrodt, Geſandter Friedrich Wilhelms I. in England, IV 2, 272. 277. 355. 408. f. 442. 415.
Wallenſtein III 1, 10; ſiegt an der Deſſauer Brücke über Mannsfeld 39; verfolgt Mannsfeld 43; Herzog von Mecklenburg 51; General des baltiſchen Meeres 51; in Feindſchaft mit Maximilian von Baiern

57. 61; seine Stellung zum Restitutionsedict 60; bereit nach Italien zu ziehen 65; (1630) in Regensburg entlassen 66; tritt mit dem Kaiser wieder in Unterhandlungen 80; von neuem kaiserl. General 84; im Lager bei Nürnberg 85; bei Lützen geschlagen 85; schließt Waffenstillstand mit den Sachsen 89; im Zwiespalt mit dem Kaiser 90; sein Kriegsplan 91; unterhandelt mit den Feinden 91; zieht gegen Arnim, Duval, die Marken 92; sein Ausgang 91.

Wallis, Graf, östreich. Feldmarschall, IV 3, 378 f.

Wallrawe, Obrist, preuß. Ingenieur, IV 3, 264.

Walpole, Robert, engl. Minister, IV 2, 186. 441. 444. IV 3, 46. 80. 116. 275. 346 f. 370. 386; sein Bruder

Walpole, Horatio, IV 3, 267. 335.

Walsmühlen, Gefecht bei (1719) IV 2, 253.

Wangelin, schwedischer Obrist, III 3, 286. 306. 311 f. 316 f.; in Rathenow gefangen 349; dient wieder gegen Brandenburg 362. 374.

Warschau, Schlacht bei (1656) III 2, 201—208. 493.

Wartenberg, Kolbe v., IV 1, 95. 130; verheirathet 116; sein Einfluß 136. 163; Reichsgraf 137; der Revers für ihn 138; vom Geheimenrathe angefeindet 163; Erbpostmeister 164; verschleudert die Domainen 167; in schwedischem Interesse thätig 187; nahe am Sturz 191; Erbstatthalter der oranischen Erbschaft 192; entlassen 228; sein Tod 229.—315; seine Frau IV 1, 136. 168. 187. 228 f. 292. 315.

Wartensleben, v., preuß. Feldmarschall, IV 1, 161. 230.

Wassenaar, Jacob van, Herr von Opdam, holländ. Admiral, III 2, 307 f. 312. 341. 355. III 3, 74.

Wedell, die, I, 76. 81.

Wedigo, Bischof v. Havelberg, II 1, 314. 336.

Wehlau, Vertrag zu (1657) III 2, 256.

Weiher, Ludwig v., polnischer Woiwode, III 2, 167 f. 170.

Weimann, brandenb. Rath, III 2, 484. 158 f. 243. 294 f. 315. 355. 358. III 3, 15. 17.

Weinlöben, Kanzler Joachims II., II 2, 178. 198.

Weisbach, russischer General, IV 2, 290 f.

Welfen, die, III 1, 60. III 3, 240. 405 f. 451 f. IV 1, 10 f. 82 f.

Wellingk, Graf, schwed. Statthalter, IV 1, 264 f. IV 2, 47. 103.

Wenden, Land, an Mecklenburg II 1, 29. 31. 41.

Wenzel, Karls IV. Sohn, I, 73; zum Kaiser gewählt 133; sein Character 138; Landfrieden von Eger 142; gefangen 145; Intrigue im Reich gegen ihn 149; nach Frankreich 153; im Reich 155 ff.; Verständigung mit Sigismund 193. 197; Unterhandlungen Friedrichs VI. mit ihm 254; sein Tod 277.

Werbener Schanze III 1, 115. 170. 277. 182. 187.

Werden, Abtei, IV 2, 83.

Werle, Herren von, I, 215 f. 227. 250 f. 280. 333. 425.

Werner, Kurfürst v. Trier, I, 189. 289.

Werth, Johann v., III 1, 117. 134. 231. III 2, 29.

Wesel, Festung, II 2, 412. 416. III 1, 48. 56.

Wesenbeck, brandenb. Jurist, III 1, 192; in Frankfurt 197—205. 280 f.; in Osnabrück 210.

Westphälischer Friede s. Münster.

Westphälischer Kreistag in Bielefeld (1671) III 3, 244.

Wibranzen III 2, 57. IV 1, 168.

Wicquefort, engl. Diplomat, III 2, 95. 336.

Widmann, Jesuit, IV 4, 243.

Wien, Aufstand in (1462) II 1, 202 f.; von den Türken belagert (1683) III 3, 501 f. 508.
Wiener Allianz von (1719) IV 2, 247 f. 253. IV 4, 371. — 377; zweite von 1731) IV 3, 127.
Wiener Frieden (1735) IV 3, 270. 273.—277.
Wiesnowieczki, s. Michael.
Wilhelm, Herzog v. Baiern, Graf v. Holland, I, 110.
Wilhelm, Herzog v. Baiern, Protector des Baseler Concils, I, 367.
Wilhelm, Herzog v. Baiern, unterhandelt mit Papst Adrian II 2, 112; wirbt um die böhmische Krone 133; gegen Karl V. 151 f.; mit Karl V. 209. 223.
Wilhelm, Landgraf v. Hessen, II 2, 224. 248. 309.
Wilhelm, Landgraf v. Hessen, schließt sich an Gustav Adolph an III 1, 65. 67. 77.
Wilhelm v. Jülich-Cleve, II 2, 180. 208. 332. 367. 371.
Wilhelm, Markgraf von Meißen, Pfandherr der Mark, I, 74; mit Jost v. Mähren 145; unterhandelt für König Ruprecht 159. 163. 165; bei Sigismunds Wahl 197; gegen die Hussiten 316.
Wilhelm II. v. Oranien, Statthalter der Niederlande, III 1, 222. 249. 267. III 2, 9 f. 21 f.
Wilhelm III. von Oranien III 1, 249. III 2, 10; unter Vormundschaft III 3, 15 f. 90; seine Education 98 f.; erhält den Oberbefehl im Felde (1672) 249. 264 f. 272. 320; bittet den Gr. Kurfürsten um Hilfe 310; erobert Grave 335; will dem Gr. Kurfürsten (1675) zu Hilfe ziehen 339 f.; Erbstatthalter 365; verlobt mit Maria, Tochter des Herzogs v. York, 386. 390. 395. 407 f.; bei Mont Cassel geschlagen 389; belagert Charleroi vergeblich 393; erhält von Brandenburg Unterstützung 412; sucht eine Allianz gegen Frankreich zu bilden 468 ff. 487. 508; in Potsdam 476; unterhandelt durch Paul Fuchs mit dem Gr. Kurfürsten 524; sein Successionsrecht in England 563 f.; rüstet zu einer Landung in England 564 f.; gewinnt Friedrich III. von Brandenburg für seine Pläne IV 1, 21. IV 4, 213; aufgefordert nach England zu kommen IV 1, 24; geht nach England 31 f.; schließt ein Bündniß (1689) mit Ostreich 33. 41 f.; seine Lage in England 58; siegt an der Boyne 65; unterhandelt mit Friedrich III. 68 f.; kommt mit ihm im Haag zusammen 70 f.; im Feldzug von (1691) 74 f.; bei Namur und Steenkerken geschlagen (1692) 85; bei Landen (1693) 91; nimmt Namur 105; überträgt Neufchatel an Friedrich III. 105; macht sein Testament 105. 147; Verschwörung gegen ihn 107; schließt den Ryswicker Frieden 113; seine Bemühungen um den Partage-Tractat 145 ff.; sein Tod 170.
Wilhelm, Erzbischof v. Riga, II 2, 282.
Wilhelm von Weimar, Herzog von Sachsen, Bruder Friedrichs des Sanftmüthigen, II 1, 31. 54. 91. 139. 141. 148. 151. 160 f. 330.
Wilhelm Friedrich, Statthalter v. Friesland, III 2, 10.
Wilhelmi, Gesandtschafts-Secretair, IV 2, 231.
Wilhelmine, Schwester Friedrichs d. Gr., IV 2, 354. 381. IV 3, 42. 109; mit dem Erbprinzen v. Baireuth vermählt 135; ihre Memoiren IV 4, 32.—96.
Wilimow, Tag zu (1469) II 1, 244.
Wilsnack, das heilige Blut zu, II 1, 61. 370; Tag zu (1443) II 1, 48. 77; (1462) II 1, 194.
Wimpina, Professor, II 2, 91.
Windischgrätz, Fürst, kaif. Reichstagscommissar, III 3, 513 f. 515, Reichsvicekanzler IV 1, 98.

Winnenthal, Wylich v., clevischer Edelmann, III 2, 83. 123. 128 f. 163.
Winterfeld, Samuel v., II 2, 443. III 1, 31. 37. 41. 43. 45; arretirt 47; freigelassen 58.—82. 160. 165. 192.
Wismar, Festung, capitulirt (1675) III 3, 60; (1716) IV 2, 156 f.; an Mecklenburg übergeben 161. 177.
Withworth, Lord, engl. Gesandter, IV 2, 260 f.
Witold, Großfürst von Lithauen, I, 299 f. 311. 359.
Witt, Johann de, III 2, 94. 148. 242 f. 323 f. 344. 352. 355. III 3, 14. 16. 38. 146; ruft franz. Hilfe 78 f. 89 ff.; seine Unterredung mit dem Gr. Kurfürsten 99; von Frankreich dupirt 130. 136; stiftet die Tripelallianz 149. 152; rüstet gegen Frankreich (1671) 222. 229; unterhandelt mit Frankreich 264; ermordet 265. 267.
Wittenberg, schwed. Feldmarschall, III 1, 154 f. 158. 189. 197.
Wittgenstein, Graf, August v., preuß. Obermarschall, IV 1, 164. 167; in Untersuchung 226 ff.
Wittstock, Schlacht bei (1636) III 1, 118.
Wladislaus III., König von Polen, II 1, 30. 52. 55. 60.
Wladislaus IV., König von Polen, rüstet gegen Schweden III 1, 131. 139; sein Verhalten zum Gr. Kurfürsten 172 ff.
Wladislaus, polnischer Prinz, II 1, 246; in Böhmen zum König gewählt 261 f. 289; wirbt um Barbara v. Glogau 312. 323; im Krieg mit Ungarn 317. 354; König von Ungarn 364 f.; hat Aussicht auf Polen II 2, 50; schließt einen Vertrag mit Maximilian I. in Preßburg 62; sein Tod 74.
Wolf, Pater, Jesuit (Baron v. Lütinghausen) IV 1, 143 f. 145 f. 158. IV 4, 234 f.
Wolfenbüttel, Herzöge v., III 3, 240.
Wolfgang von Zweibrücken II 2, 223 f. 368.
Wolfgang Wilhelm von Pfalz-Neuburg II 2, 412. 424. 430; katholisch 431; in Cleve 441.
Wolfsberg, schwedischer Resident in Berlin, III 2, 143. 149. 278 f. 296.
Wolgast, Festung, von den Brandenburgern erobert (1675) III 3, 539; von den Schweden belagert 372 f.; von den Russen niedergebrannt IV 2, 46; von den Schweden (1715) besetzt 114; aufgegeben 133.
Wolgast, Herzöge v., II 1, 59. 78. 85. 163. 221. 279.
Wollin, von Schwerin genommen (1675) III 3, 358.
Worms, Religionsgespräch zu (1540) II 2, 181.
Wormser Edict (1421) II 2, 102. 113. 134.
Wrangel, Karl Gustav von, schwed. General, III 1, 118. 120 f. 122. 127. 218. 232. 234; mit Turenne vereint 240; will mit Brandenburg gegen die Türken ziehen III 3, 40; gegen Bremen 106 f. 108. 110; geht behufs eines Bündnisses nach Berlin 296; gegen Brandenburg (1675) in Pommern 335. 338; verwüstet die Mark 347; zieht ab 351; — sein Bruder
Wrangel, Waldemar, schwed. General, III 3, 349 ff.
Wrangel, Helmold, „der tolle Wrangel", III 1, 133.
Wratislav VIII., Herzog v. Pommern, I, 212.
Wratislav X., Herzog v. Pommern, II 1, 163. 228. 241. 279 f. 282. 313. 315. 318 f.
Wratislav, östreich. Diplomat, IV 1, 237.
Wreech, brandenb. Gesandter, III 2, 349.
Würtz, schwedischer General, III 2, 249. 322.

Wüsthaus, Archivar, III 2, 464 ff. 481.
Wulfen, v., schwed. General, III 3, 396.
Wulfen, Luben v., Kammerrath, IV 1, 166. 227.
Wusterhausener Vertrag (1726), erster Entwurf IV 2, 415.—417; der Abschluß 424.

X.

Xanten, Vertrag zu (1614) II 2, 445; 1679 III 3, 445.

Y.

York, Herzog v., III 3, 22. III 3, 163. 386. — s. Jacob II.
Ypern, Festung. III 3, 411.

Z.

Zabeltitz, Zusammenkunft zu (1630) III 1, 69.
Zapolya, Johann, II 2, 126; zum König v. Ungarn gewählt 133. 135. 137.
Zaunjunker I, 36.
Zebracken, böhmische Brüder, II 1, 75 f. 223 f. 309.
Zeit, Tag zu (1537) II 2, 174.
Zeleni, Jan, II 1, 318. 323.
Zenta, Schlacht bei (1697) IV 1, 113.
Zerbster Vertrag (1450) II 1, 87.
Ziethen, v., preuß. Husarenrittmeister, IV 3, 264.
Ziska, Johann, I. 82. 287. 295. 305 ff. 332.
Zollern, Grafen v., I. 88.
Zollern, Eitelfritz v., Präsident des Kammergerichts, II 2, 12, 15; Hofmeister Maximilians I. 17.
Zossen II 2, 68.
Zürich, im Kampf mit den Eidgenossen, bittet Kaiser Friedrich III. um Beistand III 1, 45. 48. 80.
Zwernitz, Vertrag v. (1461) II 1, 185. 189.
Zwingenberg, Grafschaft, IV 2, 449.
Zwingli, Reformator, II 2, 146. 169.